自分らしい
働き方・育て方
が見つかる

新・ワーママ入門

Life Career Mindset

堀江敦子

Discover

はじめに

「私、仕事やめたほうがいいのかな」

結婚や子育てを具体的に考えた時。
実際に子育て中に壁にぶつかった時。
この言葉が頭に浮かんでくる女性は、少なくないと思います。

１９８５年に成立した男女雇用機会均等法によって、男女かかわらず就職するのが当たり前に、２０１６年の女性活躍推進法では、女性が管理職になることまで国が後押しするように。そして、２０１９年の働き方改革法によって、働き方が変化し始め、子どもを産んでも仕事をやめず両立が当たり前という雰囲気になってきました。

仕事も好きだし、子育てもしたい。さまざまな制度も整いつつある。

でも、イメージが湧かない。

仕事は相変わらず忙しいし、パートナーの帰りも遅い。自分の周りにはバリバリ仕事も子育てもやってのけるワーママか、どこか仕事をあきらめてしまっているワーママしかいない。


普段は気にしていない。子どもはかわいい。仕事のやりがいもある。

でも、どうしてもうまくいかないとき、子どもの体調が悪いとき、「保育園に預けるのって、かわいそうかな？」「私が子どもの頃はいつも母親が家にいておやつは手づくりだったな」「職場でもみんな迷惑がっているのかな」なんて考えが頭をよぎる。

仕事も大切にしながら、子どもも大切にしたい。

ごく普通なはずの願いが、とても実現できない理想の姿に思えてくる。

そうすると、心のどこかでささやく声が聞こえる。

「私、仕事やめたほうがいいのかな」と。

×××

いままで、このように悩む女性や若者、1万人以上に出会ってきました。
私が経営するスリールで発行している「両立不安白書」では、「出産をする前の働く女性」約350名のアンケートを分析。92・7％もの働く女性が「仕事と子育ての両立に不安を抱えている」という結果が出ました。また不安を抱えている人の中で「不安だけが原因で、退職・転職を考えたことがある」方は50・4％にも上りました。

不安だけで仕事をやめるなんて、働く気がないのでは？　そう思う人もいるかもしれません。しかし、この不安を感じている人の中で「現在の仕事が充実している」と答えた人は、80・3％、さらに「求められればマネジメント（管理職）も経験してみたい」と答えた人も66・5％にも上りました。

仕事が好きでも、「不安だけが原因でキャリアをあきらめる」。

そんなことが起こっていたのです。

私は中学時代から200名以上のベビーシッターを行い、生後1か月のお子さんからお世話をしてきました。また、1000名以上のワーキングマザーに出会い、リアルな共働きの姿を見てきました。現在は、仕事と子育てに悩む方1万人以上に研修や講座を提供しています。

その中で、一人ひとりの方が、多様な働き方や子育ての仕方を自ら考えてワクワクしながら実現していく様子を目の当たりにしてきました。

少しのマインドセットで、アクションで、必ず変わる。今回はそんなハッピーになるためのレッスンをこの本にまとめました。

私は9年前の25歳にスリール株式会社を起業しました。

「仕事も子育ても、やりたいことも、自分らしく実現できる社会にしたい」

このような想いから、企業での女性活躍の研修や、大学生が共働きの家庭で「子育て体験」を行うことで、仕事と子育ての両立を学ぶ、ワーク＆ライフ・インターンという、ライフキャリア教育プログラムを提供しています。

過去1000名の大学生が参加。今や1期生は30歳。社会人になり、結婚し、子育てをしている卒業生が数多くいます。

「働くこと」「子育てをすること」。

多くの人が経験するはずのことなのに、リアルに学べる機会がありません。だから、不安になるのです。

×××

2055年には、出生率が「1・29」まで低下し、日本の人口は1億人を切ると言われています。労働力が減少し、少子高齢化の一途をたどる日本。

多くの人が自律的に働き、子どもを望む人が前向きに子育てしていける社会にしていくことが必要な状況なのです。

だからこそ、**みなさんが「自分らしく働いて、もっと楽しく子育てをする」ことは、自分のためだけではなく、企業や社会のためになること**なのです。

「子育て」は、ダイバーシティの第一歩でしかありません。

これからは、子育てだけではなく、介護や看護、外国人など、様々な制約や多様性が広がっていきます。

みなさん一人ひとりが自分らしい働き方・子育ての仕方を実現していくことで、周りがハッピーになっていくととらえてください。

この本は、ただの子育てノウハウ本ではありません。

自分の人生をワクワク考えて、パートナーや上司とのコミュニケーションを行いながら、前へ進んでいく自信を持っていただく本です。

実は、私自身はまだ子どもはいません。だからこそ、客観的に分析したワーママのリアルをお伝えしながら、企業での女性や管理職への研修や若手や学生の視点も総合的に入れています。

現在子育て中の方だけでなく、これから子どもを望む方・パートナーや管理職の方も、ぜひ読んでください。これからの方は今から長期的なキャリアを考えるきっかけに。パートナーの方は状況を理解し寄り添い、自分自身も人生を考えてみてください。管理職の方は、部下の状況を理解し、チームでの働き方を考えてみてもらえると嬉しいです。

すべての方にお読みいただき、少しのマインドセットとアクションの変化で自分の家庭内を、企業内を、よりハッピーな環境に導いていただきたいと思います。

さぁ、始めていきましょう。

CONTENTS

第2章 なりたい姿を明確にする

第3章 チームで子育てプロジェクトを運営しよう

第1章

両立不安神話から自由になる

ワーママをモヤモヤさせる両立神話 トップ5とは？

若手女性の9割以上が抱えている、子育てと仕事の〝両立不安〟。

「いつかは結婚・出産したいけれど、産むなら子どもはちゃんと自分で育てなきゃ。今の仕事を続けられるかな」

「好きな仕事は続けたいけれど、今の働き方じゃ子育てをするのは無理そう。だったら、仕事を辞めるか、出産を諦めるしかないのか……」

女性が働くことが当たり前になったからこそ、将来の選択に迷う人は増えています。

この〝両立不安〟が膨らんでしまうのはなぜ？

私がヒアリングを重ねた結果、その原因として仮説を立てたのが、ワーママを苦しめている〝両立神話〟というものでした。〝両立神話〟とは、仕事と子育ての両立をする上で、周りからよく言われるお話を私が名付けました。

ホントかウソかわからない、でも普段の生活をする中で見聞きしてなんとなく信じている。そんな仕事と子育てにまつわる神話はいくつもあります。

スリールでは、働く女性221人を対象にアンケートを実施（2019年1月13日～3月20日・有効回答数221人・子どもあり192人、子どもなし29人）。世間でまことしやかにささやかれる両立神話からワーママのみなさんがどれほど影響を受けているのか、初めての実態調査を行いました。

まず、この「『両立神話』が原因で苦しんだ経験があるか」という質問に対して、61％もの方が「ある」と答えました。

その影響度トップ5を見ると、ワーママが抱えるモヤモヤの傾向がハッキリと見えてきます。「とてもそう思う」「まぁそう思う」と答えた人の割合が多い順に紹介します。

＊周りから言われて自分の価値観がつくられたと思うものを教えてください。

1位 夫は外で働き、妻は家の中にいるのが、日本の歴史的な姿だ。（53・9％）

2位 責任のある仕事だと職場に迷惑をかけるので、子どもが産まれたら仕事をセーブしたほうがいい。（51・3％）

3位 働き続けるなら、「バリキャリ」か、仕事を割り切る「ゆるキャリ」のどちらかしかない。（43・5％）

4位 夫が仕事が忙しい場合、妻が働き方を変えないといけない。（44・0％）

5位　3歳までは母親が子どもを見ないと、発達に影響がある。（41・4％）

なるほど。ランキングの上位を占めたのは、「働き方を変えないといけないことへの不安と不満」。そして、根強く女性を苦しめる「3歳児神話」が続きます。

しかし、世間で言われる両立神話に対して「そう思う」と答えた人の割合は、1位でも53・9％と半数程度。5位の3歳児神話では4割まで下がります。「あまり思わない」「まったく思わない」と答える人も、全体として半数以上になりました。

「思ったよりも、ワーママの皆さんは両立神話に苦しんでいないのかな？」と、意外な気持ちでこのアンケート結果を受け止めていました。

しかし、同じアンケートで、「『両立神話』が原因で苦しんだ、具体的なエピソード」についてのフリーコメント欄を開いた瞬間、それが思い違いだったとすぐに気づいたのです。

そのほんの一部をこれからご紹介します。

＊『両立神話』が原因で苦しんだ、具体的なエピソード

「働き方を変えるのは母親だけ、というのが世間で当たり前になりすぎて、夫婦間で議論にさえならないことにモヤモヤしている」

「妻が働くのは『家事がちゃんとできるならいい』という前提がある」

「第二子出産から10年、専業主婦生活を送った。その間、夫の実家にはいたく気に入られ、まさに神話の中に暮らしている気分だった。でも、嫁の仕事はいつまでも軽減されず、つらかった」

「子どもが生後10カ月になった頃、正社員またはフルタイム希望で就職活動をした時、面接官から『まだ子どもが小さいんだから、本格的な仕事をするのは早いんじゃない？ 発熱で早く帰られるのも困るし』と言われた。何社か同じようなことが続き、心が折れそうになった」

「出産を望んだ時点で、仕事か育児か選択しなければならなかった。管理職にもかかわらず退職を選ぶことになり、後に続く女性たちのためになんとかできなかったのかと後悔が残る」

「夫は家事育児をしたいタイプなのに、職場では『家族が増えたんだから、仕事をもっとがんばれ』と言われるらしい。妻である私は『子どもができたんだから、早く帰らないといけないでしょ?』と言われる」

「病児保育に子どもを預けて働いていると『ありがたいけれど、子どもは大丈夫?』と気にされ、かといって休むと『えーっ』と迷惑顔をされる。バリキャリ、ゆるキャリ、どちらに立ってもいろいろ言われる」

「雑誌に載っているワーママは、朝4時起きでがんばっている…。そこまでしなきゃ両立ってできないの!? 私には無理だと思ってしまう」

「仕事は好きです。しっかり働きたいです。でも、毎日決められた時間に出社して長時間労働するという方法では、子育てと両立するのは難しい」

「子どもを中学受験のための塾に通わせようとした時、『共働きのお母さんは、宿題を見たりお弁当をつくったりするのが難しくなると思いますので、仕事をやめてください』と言われて愕然とした。送迎と食事の面倒も見てくれる塾を探して、無事に志望校に合格した」

「近所のおじいちゃんから『0歳から預けた子どもが非行に走ったら母親の責任』と言われた」

「子どもが3歳になるまでは、家で一人で子育てしようとがんばった。幼稚園入園までは我慢するべき、耐えるべきだと思っていたが、つらかった。親と不仲で頼れる身内もいなかった。家事育児を完ぺきにできないのは母親失格と思いつめ、ストレスから子どもに手を上げそうになって限界だった」

「1歳から保育園に預けたことにずっと罪悪感を抱いていました。でも、周りの子を見渡すと、早くから預けられた子も健やかに成長している。私自身が罪悪感を抱えることが、子どもにとってもよくなかったのだと気づいた」

……etc.

＊＊＊

このようなコメントが100件程記載されていました。

コメント欄を見て、胸を締め付けられるような想いになった方もいらっしゃったのではないでしょうか。その重さを受け止めながら、私は「そういうことなのね、やっぱり」と腑に落ちました。

つまり、**「自分自身は両立神話を信じていないし、決してとらわれたくないのに、周りからのプレッシャーとのギャップに苦しめられている」**のが、今の日本のワーママの現状なのだということ。

両立不安の背景は？

仕事も子育ても大切。

だからこそ、早く復帰をして夫婦や周りの人と協力して家事も育児も分担していきたい。


でも……。


「保育園に預けるなんて、かわいそうじゃないの？」

「君はこの仕事、無理だよね」

「ちゃんとご飯、つくれてる？」

「母親はあなたでしょ？」

パートナーが、親が、義理の親が、上司が、先輩が、後輩が、ご近所さんが、悪意なく放つちょっとした一言が、トゲのようにチクチクと刺さってくる。

普段は平気でも、子どもが頻繁に熱を出したり、子どもの心がいつもより荒れていると気づいたりした瞬間、そのトゲが大きくなり、「もしかして私のせいなのかな」と罪悪感に苛まれてしまう。

特に今の20～30代は、男女の能力差などあまり気にせずに学生生活を過ごしてきた世代。結婚しても変わらず働き続けるスタイルを、自然に受け止めている人が多いのではないでしょうか。

ところが、子どもを産んだ途端に、周りからの見られ方が激変することに戸惑っては、イライラしたり、チクチクしたり、モヤモヤしたりする。

そんな構造が見えてきます。

何かが違う。でも、何をどう変えていいのか、わからない。日々を乗り切るには、結局、自分でなんとかするしかない。無理をしすぎて、パンクする。

両立神話の渦に飲み込まれて、溺れそうになっているワーママや若手女性がこっちにもあっちにも！　その姿がどんどん浮き彫りになってきました。最近ではパパたちや若い男性にも、悩んでいる人が増えています。

私はまだ子どもを産んだ経験はありません。でも、5000人以上の女性たちに寄り添い、何百もの家庭の子育てに関わってきた経験から、仕事と子育てを両立させるさまざまなソリューションについては堂々語れる自信があります。

親の立場も、子どもの立場も、企業の立場も見ている客観的な立場だからこそ、できることがあるはず。この本を書こうと筆をとった動機については、「はじめに」でも述べたとおりです。

問題解決の第一歩は、その背景・理由を知ること。

少し引いた目線で、モヤモヤを抱える理由を理解すれば、「そうか、だから私はモヤモヤしているんだ」と納得することができます。

そうすると、「だったら、これからどうやったらうまくいく？」と、次の一歩が踏み出せるもの。

〝問題の背景を俯瞰して見てみる〟という分析のアプローチは、仕事の課題解決の場面でも欠かせない手法ですよね。

まずは、現代ニッポンの女性たちが様々な両立神話にとらわれてしまう理由について、もっと詳しく考えてみましょう。

両立不安

神話1

「仕事と子育ての両立を完璧にしないといけない」

UPDATE

スーパーウーマンにならなくていい
メリハリをつけ、自分らしいスタイルをつくってこれから子育てを始める女性たちから本当によく聞かれるのがこの言葉。

「仕事も子育ても、どっちつかずになるのが怖い」

特に、普段から仕事にも真面目に向き合い、周りから信頼を得てきたタイプの方がこの不安を抱えるようです。

子育てが始まると今までと同じようには働けなくなる。仕事が中途半端になるのは嫌だし、だからといって、仕事をがんばりすぎると、子育てがおろそかになってしまうのではないか……。

グルグルとシミュレーションをした結果、「どっちもいっぺんにやるのは無理ってこと⁉」と早々に結論づけてしまって、「やっぱり、仕事を辞めるか、極端にセーブするしかないのかな」という結論にいたってしまいます。

そんな女性たちをたくさん見てきては、「もったいない！」と感じてきました。

私がいちばんにお伝えしたいのは、**「仕事も子育ても完璧にこなす、スーパーウーマンはどこにもいません！」**ということです。多くのワーママさんに伴走してきた私が自信を持って言えますので、安心してください。

雑誌やテレビやＳＮＳで流れてくる著名人のワーママライフは、キラキラ輝いて見えますよね。あるいは、講演会やイベントの壇上に立つワーママさんも、隙がなく、「あんなふうにはなれない」とまぶしく感じることがあるかもしれません。

でも、その輝きは、本当に一面でしかありません。

実際、私は〝ワーママの鑑《かがみ》〟と世間で注目されるような著名な女性たちのご家庭をサポートしたこともあるのですが、実生活では「手を抜けるところはしっかり抜く」や「他人を上手に頼る」といった工夫で毎日を乗り切っている様子をたくさん見せてもらいました。掃除はほどほどにして家電を活用したり、外食や惣菜を取り入れて手料理をがんばりすぎないようにしたり。

それは決して「育児・家事ができていない」というマイナスの状況なのではありません。「料理は自分でやるけど、家事は家事代行さんにお願いして、週１回でもゆっくりと子どもと向き合う時間をつくりたい」など、**それぞれの家庭にとって大切にしたい子育てを実現するためのプラスの仕組みづくり**を実現しているのです。

そもそも人間なので、苦手なこともありますし、大切にしたい部分は人それぞれ異なっています。「どんなに素敵に見える人も、白鳥と同じ」と、私はよくたとえ話をします。水面の上は美しくても水面の下はバタバタと足を必死にかいている。つまり、何でも完璧にできている人なんて一人もいないのです。

また仕事面でもプロ意識を持って仕事をすることは大切ですが、**自分一人で〝完璧にこなす〟必要はありません**。一人で抱え込むのではなく、チームで仕事を行うことで最終的なアウトプットを良いものにしていけばいいのです。

だから、「今までのように一人で完璧に仕上げよう！」と気張る必要はないのだと、肩の力を抜いてみましょう。限りある時間をどのように活用していくのか。周りと一緒に協力していきながら楽しく実践していきましょう。

子育てには物理的な時間が必要なので、働ける時間の〝量〟はどうしても減ってしまうかもしれません。でも、やり方を工夫することで〝質〟は今まで以上に高められるものだと思います。

質を高めるための思考法については、第2章でじっくり解説していきます。

両立不安

神話 2

「母親のような子育てをしなければならない」

UPDATE

脱・昭和の子育て！
今の時代に合う子育てスタイルを見つけよう

「私、〝ちゃんとした母〟になれる自信がないんです……」

いつかは母になりたいと将来を描く女性たち、あるいは、子育てが始まったばかりの新米ワーママさんたちから、本当によく聞かれる言葉です。

同世代の女性として、その不安が生まれるのもわかります。

でも、そもそも〝ちゃんとした母〟とはどういう母親でしょうか？　多くの場合、そのイメージの元になっているのは、ご自身のお母さんの思い出です。

学校から帰ると、お母さんが家にいて「おかえり」と声をかけてくれる。毎日ではないけれど、手づくりのオヤツも食べさせてくれる。家の中はいつも清潔に整頓されていて、宿題や学校の準備も手伝ってくれる。お父さんの帰りはいつも遅いけれど、お母さんが毎日家にいるから安心——。

そんな子ども時代を思い出しては、「今の仕事にプラスして、そんなことできない！　それって母親失格？」と不安にかられる女性は多いのです。

正解です。当然です。無理なのです。

だって、親の時代の社会環境と今は、あまりにも違うのですから。

みんなで働き、みんなで育てた戦前

まず、頭に入れておきたい大前提は、「子育てのスタイルは時代によって大きく変わる」ということです。

実際にどれくらい変化してきたのか、その違いを見てみましょう。

「働く女性が増えた」と近年言われていますが、実は日本は戦前から女性のほとんどがせっせと働く「共働き社会」でした。

戦前は農家が8割と言われており、女性も男性も働き手として一家の稼ぎを担うことが当たり前なため、「母親が子どもを見ていたのは、夜の寝かしつけの時間くらい」という説もあります。

では、日中は誰が子どもを見ていたの？と疑問に感じるかもしれませんが、その担い手は祖父母や親戚、近所に住むおじさん、おばさん、あるいは年上のきょうだいなど。

多世代同居が当たり前の社会であり、地域のコミュニティも濃密に機能していた時代だから、**「みんなで働き、みんなで育てる」が家族のリアルな姿**でした。母親も仕事をしていましたが、血縁家族を中心に周りのたくさんの手を借りながら子どもを育てていたのです。

皆の手を借りられる、という安心感から、世の中の主流は「子だくさん」に。1925年の合計特殊出生率（一人の女性が一生のうちに子どもを産む数の平均）は5・11と高水準でした（厚生労働省人口動態統計より）。今では考えられないほど高い数字ですね。

政府や企業が家庭を支えた高度経済成長期

そんな子育てのスタイルが大きく変容するターニングポイントが訪れたのは、戦後の高度経済成長期です。

国力を急速に伸ばすために政府が掲げたのは、製造業を集中的に発展させる政策でした。

製造業で働くのは、ほとんどが男性。力のある男性が、長時間働くことで、大量生産を行い、国の発展を支えていたのです。そのため政府や企業は、朝から晩まで男性が働ける社会構造を維持するために、**「男性が家事や育児に参加しなくても成り立つ仕組み＝専業主婦」という家庭モデルを奨励**しました。

この頃、都市部に工場が造られ、人々は地方から出稼ぎに集まってきました。このことにより、「核家族」の世帯が急速に増えていったのです（現在では核家族率の全国平均は86・71％。第1位の東京都は93％にも上ります。２０１５年国勢調査より）。

戦前のような祖父母や親戚で助け合う子育てはできなくなりましたが、その代わりとして家庭に手を差し伸べたのが〝会社〟です。

男性一人で妻と子ども二人を養えるだけの「給料」を支払い、「終身雇用」や「退職金」の保証という安心感。さらには「社宅」の提供といった暮らしのサポートを手厚く用意したのです。政府も税制優遇をすることで、「男性が稼ぎ、女性が家事育児を担う」というライフスタイルを応援していました。

また会社と社員の関係は今よりもずっと家族的でした。引っ越しを手伝い合ったり、上司から「お前の長男坊、そろそろ小学校入学だったよな」といった声がかかったりすることもごく普通のことでした。

女性は「子育てを担う」という責任を一手に引き受けてはいたものの、子育てに専念できるだけの経済的ゆとりと心理的な安心感を、企業と政府から与えられていたのです。

現代のワーママ世代の親世代にあたる女性たちの多くは、この高度経済成長期の流れを継いだ1980年代~90年代初めのバブル期に子育てを始めています。

今の子育て世代の女性たちを悩ませる **〝ちゃんとした母〟のイメージは、この頃の子育てのスタイルがベース**になっているのです。

「夫婦二人で働き、子どもを育てる」初めての世代

しかし、経済的にも心理的にもゆとりのある専業ママ生活が推奨される社会はそう長くは続きませんでした。

バブル崩壊による長い長い不況時代の到来。それによって、約束されたはずの定期昇給や終身雇用制度は保証されなくなってしまったのです。

夫の給料だけでは子どもの教育費や老後資金が底をつくことに気づいた妻たちは、働きに出始め、１９９７年にはパートタイムを含む共働き世帯が専業主婦世帯を抜きます。

一見、戦前にメジャーだった共働き社会が復活したかのように思えますが、その中身、子育ての実態はまるっきり違います。

高度経済成長期に一気に進んだ核家族化によって、血縁家族を巻き込む子育てはほぼ失われています。その結果、今の子育て世代の多くは**「夫婦二人で働き、子どもを育てる」という難題**を突きつけられることに。この〝核家族・共働き・共子育て〟と

いうスタイルを、私たちは日本の歴史上初めて経験しているのです。誰もやったことのないチャレンジなのだから、お手本がいない！　と理解すれば、焦りや不安を感じるのもなんだかわかる気がしてきませんか？

つまり、**「親と同じような子育てをする」というのは、もともと無理な話。**30年前と今では環境や条件があまりに違うので、同じ子育てはできないのだと自覚しましょう。

「だったらどうしたらいいの？」とますます不安になってしまったというあなた、心配はご無用です。

今の子育てが昔とは違うのならば、今の時代に合った方法を取り入れていけばいいいだけの話。血縁家族を巻き込めないなら、家族以外の人たちを巻き込んでいくワザを身につけていけばいいのです。詳しくは第3章で紹介していきます。

子育て環境の変化

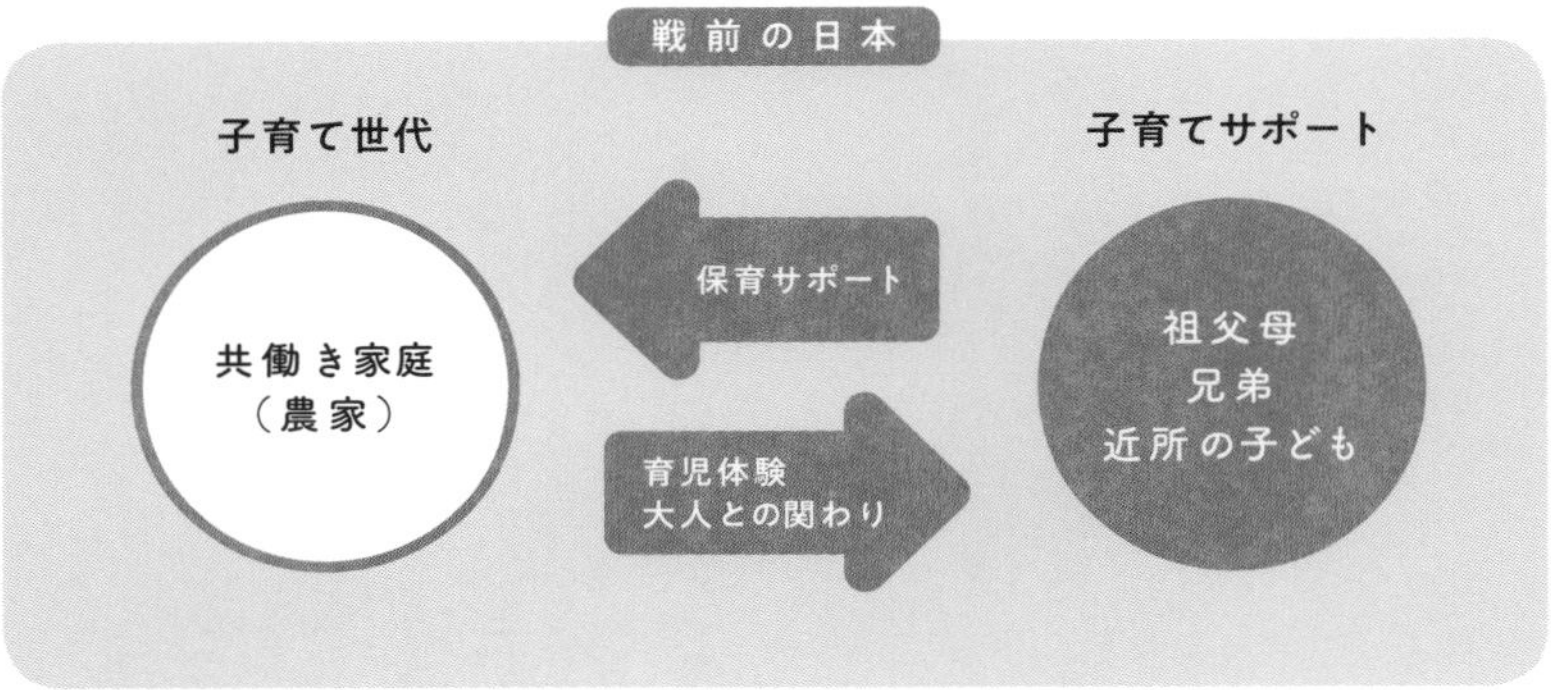

POINT 「みんなで働き、みんなで育てる」から安心

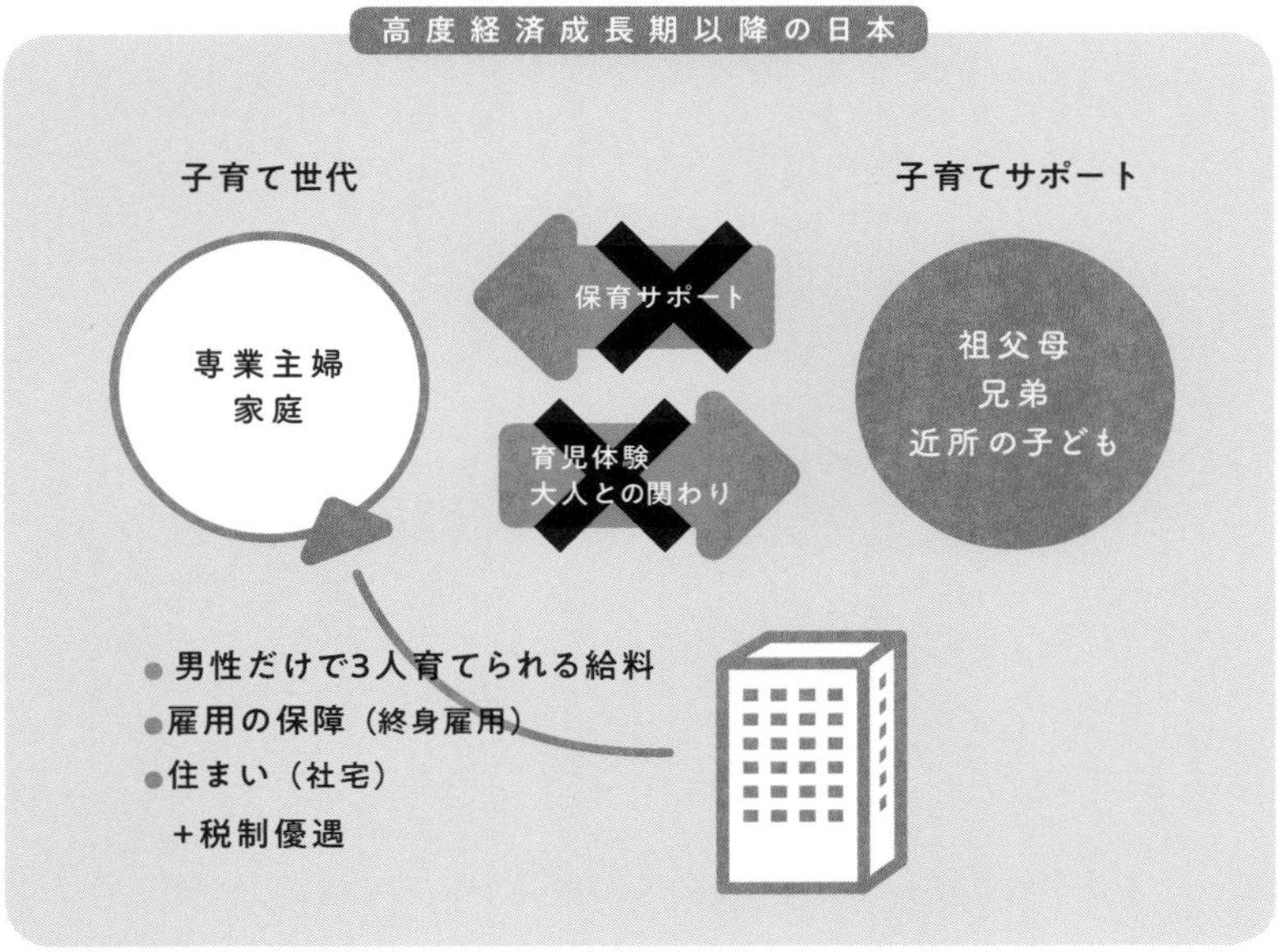

POINT 企業や政府からのサポートがあるから安心

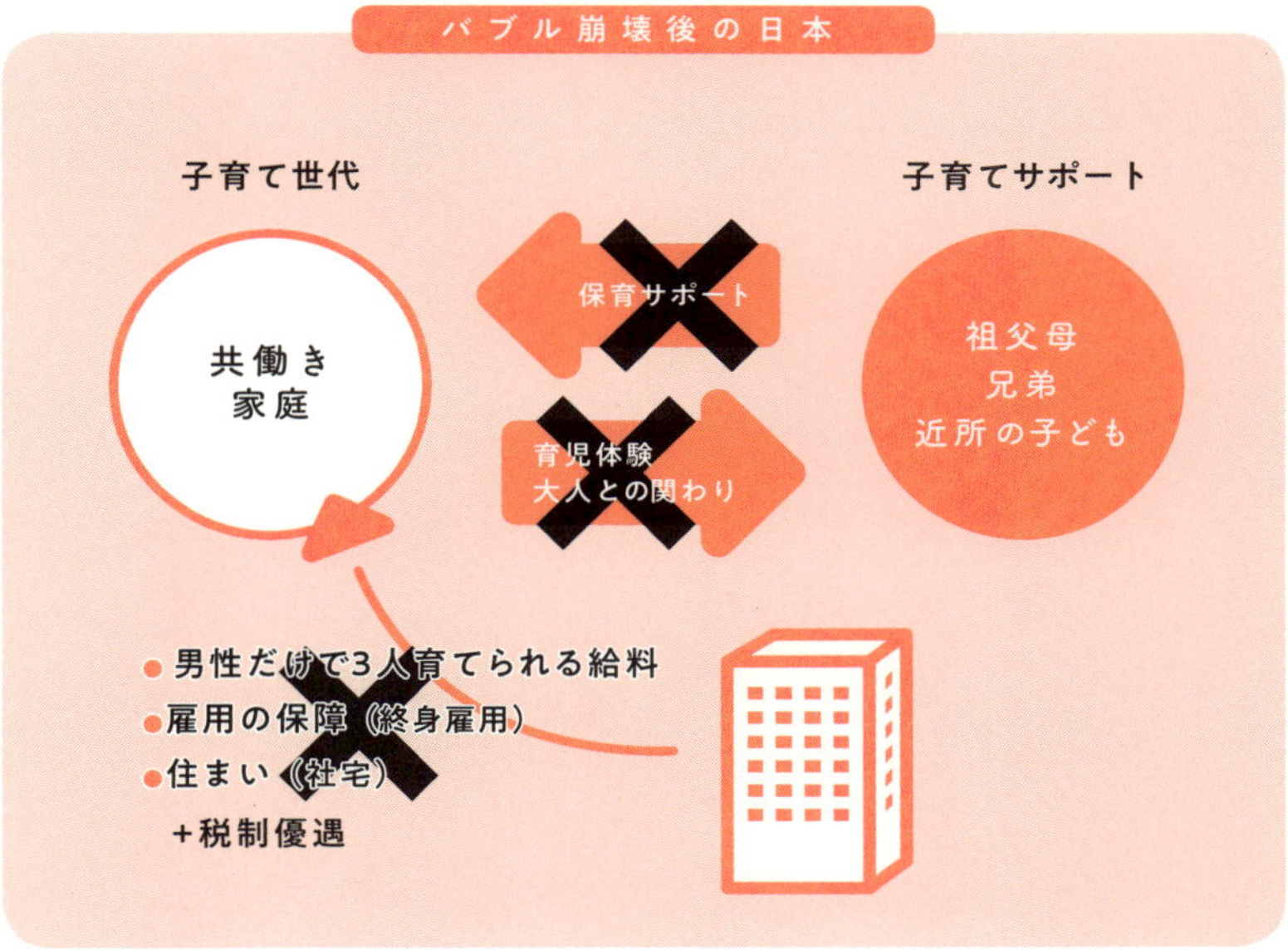

POINT 「夫婦2人で働き、子どもを育てる」初めての世代だから、不安！

両立不安

神話3

「3歳までは母親が子育てしないといけない」

UPDATE

子どもはパパとママの笑顔が大好き！
多様な大人との関係性が子どもを育てる

かわいいわが子を大切に育てたい気持ちは、親になれば皆同じ。でも、働く女性たちは子育てに時間を長くかけられるわけではありません。「ずっと一緒にいられなくてごめんね」という罪悪感がムクムクと膨らんでいきます。

保育園が不足している現状では、復帰のタイミングは子どもが0歳のうちに入園の準備をする家庭がほとんどですし、「できるだけ早く仕事復帰したい」という女性も少なくありません。

厚生労働省の調査によると、育休取得期間で最も多いのは「10カ月〜12カ月未満」で31・1%、次いで「12カ月〜18カ月未満」27・6%、「8カ月〜10カ月未満」12・7%（https://www.mhlw.go.jp/toukei/list/dl/71-27-07.pdf より）。7割以上の女性が子どもが1歳半未満で職場復帰し、子どもが0歳での復帰組も半数近くいることがわかります。

そんな実態から離れて女性たちを苦しめているのが、〝3歳児神話〟です。

「3歳までは母親が育てないと、子どもの発達や成長に影響がある」――そんな神話がまことしやかにささやかれ、プレッシャーを感じてしまうのです。

愛情をかける大人は母親でなくてもいい

この神話の真偽については、人によって意見が分かれるところですが、私は声を大にして「そんなことはありません！」と言いたいと思います。

人間の愛着形成のために、産まれてから数年間に身近な大人から愛情をたっぷり受けることが大切であることは、研究でも明らかになっています。

しかしながら、**愛情を与える主体が〝母親だけ〟である必要はない**ということも同時に、研究で明らかになっているのです。

根拠は、厚生労働省が実施した保育条件と発達の関係についての追跡調査（平成16年 厚生労働省研究班調査より）。その報告によると、１９９８年時点で夜間保育所80カ所に通う園児約３０００人を対象に、5年後の２００３年時点での発達の状況を調べたところ（有効回答数１８５人）、「保育時間の長さの違いによって、子どものコミュニケーション力や運動発達に差は生じない」ということがわかりました。

ただし、「家族で食事をする機会がどれだけあるかによって、コミュニケーション力に差異は出た」という結果も。これは、**「親しい大人と面と向かって会話できる時間が重要」**という意味であり、母親である必要性を説いていません。

孤食ではなく、パパや、保育園の先生、近所の大人など、親しい大人と今日あったことを話し合いながら食事をすることが、コミュニケーションに良い影響を与えるということなのです。

母親に過剰に子育ての役割を期待する3歳児神話。本来は多くの大人で担っていた役割が、高度経済成長期の〝専業主婦奨励〟の世の中で、女性たちだけのものになってしまったのかもしれません。

高度経済成長期の時代、一人で子育てを担われていた親世代の皆さんに深い敬意を感じながら、社会環境が変化した現代では、意識も子育てスタイルもアップデートする必要があると考えます。

テレビ・アニメの影響も

しかし、いまだに「子どもを0歳から預けるなんて、かわいそうじゃない？」「母親の愛情がいちばんよ」と悪気なく助言する年配者はいらっしゃいますし、有言無言のプレッシャーを受けて「やっぱり私が仕事を辞めたほうがいいのかな」と思い詰める女性はたくさんいます。

この傾向は特に地方の都市部で強いのですが、セミナーにご参加くださった皆さんに「3歳児神話が気になりますか？」と聞くと、8割くらいの手があがります。さらに大学生に同様に聞くと9割方にもなります。

なぜそのように思うのかを聞いてみると、テレビやアニメ、メディアでの影響が大きいという声が聞こえてきます。昔から見ていた子ども向けのアニメで描かれる〝お母さん像〟は、いつもエプロンをかわいらしく着こなし、明るい時間から食卓を準備するようなキャラクター設定であったり（昭和のアニメ作品だけでなく、平成時代の作品でも母親像は変わらないことに愕然とします）。保育園で虐待があったなどというニュースを耳にしたり。「3歳までは自分が見てあげないと」と思ってしまういろいろな周囲からの声やイメージに覆い尽くされているのです。

みんなで子育ては、親子双方にとってプラス

子育てにどれくらい関わりたいかという価値観は人それぞれですので、「私は自分の時間を100%使ってわが子を育てたい」と心から願う人は、もちろんそのスタイルを貫いていただきたいと思います。

ただ、「ワンオペ育児」が社会問題化しているように、核家族の中で子育てを一人で抱えるのは本当に大変なことです。悲しい現実としては、他者の手を借りずに子育て（孤育て）をしていて産後うつになり自殺する方は2015〜16年で約92名にも上り、妊産婦の死因のトップと言われています（国立成育医療研究センターより）。またこの傾向に陥ってしまうのはワンオペ育児をしている方に多いと言われています。

それもそのはず。現代では経験がないまま子育てをしている人がほとんどなので

す。平成15年版厚生労働白書では、「出産前に乳幼児のお世話をした経験がない」と65％以上が回答しています。

子育てははじめは誰もが初心者ですし、不測の事態がいつでも起こり得る一大プロジェクトです。２００人以上のベビーシッターを経験してきた私の実感としても、一人で子どもと真剣に向き合う集中力が続くのは４時間がマックス。

ここぞという時には親がしっかり向き合うことが不可欠ですが、子育てには**できるだけたくさんの人の手と目があることが、親子双方にとってプラスになる**と強く感じています。

多くの人の手を借りること。親はラクになれるからいいとして、子どもにとっても本当にプラスなの？

そんな疑問を感じた方もいるかもしれませんね。答えはＹＥＳです。

人間は「社会的な動物」と言われ、集団の中での自己の位置づけや関わり方を学んでいきます。子どもは身近な大人をモデルとして、その言葉や行動を真似たり、吸収したりして成長していきます。

乳幼児だけではなく、小学校以降にも、**多様な大人を知ることで、これからの社会をたくましく生き抜く力につながります**。早くから親以外の大人やお兄さん、お姉さんたちに受け入れられて育った子どもは、物怖じせず社交的になる場合が多くあります。

愛着は、継続的に世話をしてくれる人であれば、複数の愛着対象に安定した愛着を形成することができるという研究結果もあるように、**多くの安心できる大人に囲まれることで、「自分はいろんな人に愛されて育ってきた」「親以外の大人も自分を受け入れてくれた」という体験を多くすることができます**。このような経験が多いほど、自己肯定感が高まり、新しいことにチャレンジしようとする精神も育つと、教育学博士の鈴木忠氏も述べています（『生涯発達心理学』有斐閣刊より）。

親にとっては、他人が自分と同じ目線で子どもを見守ってくれることに安心感を感じます。また、子どもに対して多様な生き方の選択肢の提供をすることができます。

スリールの受け入れ家庭の皆さんからよくいただくのは「学生が子どもを愛してくれて、子どもの成長を一緒に喜んでもらえるのが嬉しい」という言葉です。

自分やパートナー以外の人から「今日もお友達と元気に過ごしてましたよ」「今日はこんなおしゃべりをしてくれました」「この半年で、こんな行動が見られるようになりましたね」と日々の成長の気づきをもらえて、喜びを分かち合える。そんなやりとりを通じて、親になる喜びやわが子への愛着が一層育っていくものなのかもしれません。

社会の変化が激しい中、自分の人生だってどうなるかわかりません。ましてや、子どもたちの時代のことは、親たちでは予測不可能なことばかりです。だからこそ、**親だけの価値観で子どもを育てるのではなく、多様な大人に出会わせていくこと自体が子どもの「自律」につながっていく**のです。

子どもの笑顔は親の笑顔から

そして、子どもたちの笑顔のもとになるのは、何よりもパパとママの笑顔です。

「わたしのママ、こんなお仕事しているんだよ!」

「この○○、パパがつくったの。すごいでしょ」

お預かりの間に目をキラキラさせてママやパパのお仕事自慢をしてくれる様子を何度も見てきた私は、子どもにとっては**「ずっと一緒にいてくれること」**よりも**「ママやパパ自身が楽しそうで充実した毎日を送っていること」がいちばん**なのだと感じてきました。

また、学生たちに子ども時代のことをヒアリングをしていると、「『本当は仕事を続けたかったんだけど、あなたのためにやめたのよ』と母から言われるのがつらかった」と振り返る声が時々聞かれます。「この子のために」「家族のために」と、仕事を中断して子育てに専念することが、かえって子どもを苦しめる場合もあるのです。

子どものために、そして、自分自身のために。〝脱・3歳児神話〟へと、思考をアップデートすることを強くおすすめします。

両立不安

神話4

「イクメンのパートナーをつかまえるべき」

UPDATE

イクメンは一日にして成らず!
パートナーと話し合って、
少しずつチームになろう

最近は子育てに参加する男性がぐんと増え、保育園の送り迎えに急ぐパパの姿も街中で見るのが珍しくなくなりました。

パパが頼れる子育てパートナーになってくれると、とても心強いですよね。でも、まだまだ〝イクメン〟は特別な存在だと思われています。

「私のパートナーはイクメンになれるタイプじゃないから、私ががんばるしかないかなぁ…」。そんなふうにあきらめかけている人に、ぜひ伝えたいこと。

はじめからイクメンだった男性はいません！

育児に熱心な男性たちに話を聞いてみると、「イクメンを目指していたわけではないし、今でも自分のことをイクメンだとは思わない」と言う方がとても多いのです。

「ただ、妻が『働き続けたい』と言ったから、家事や育児をするようになっただけ。そしたらだんだん子どもが懐いてきて、『子どもってかわいいな』と思うようになって、自然と一緒に過ごす時間が増えていった」

つまり、**〝パパの子育て時間〟がイクメンを育てる**ということ。

意外に思われるかもしれませんが、スリールに参加する学生たちも、子育て家庭に入る前のアンケートでは、3分の1が「子どもが苦手」と回答します。「小さい子どもと関わった経験が乏しい」ことが苦手意識の原因です。

ところが、実際に子どもと接する時間を数カ月（時間にして96時間程度）経験するだけで、「小さい子が泣くのはこういう理由なんだ」「こんなふうに接すると、子どもたちと楽しく過ごせるんだ」と、子育てを楽しむセンスと自信をあっという間に身につけてしまいます。何よりも、子どものかわいさにノックアウトされるのです。

肉親ではない学生でさえそうなのですから、親であるパパはさらに愛着を深めるはずです。

イクメンパパはこんなに得をする

パパがイクメンになることで得をするのは、実はパパ自身なのです。**イクメンになることで「①妻からの愛　②子どもの成長　③地域での居場所」という3つの点が得られる**からです。

まず「①妻からの愛」については明らかな研究結果が出ています。生後1年半までに夫が育児に関わったかどうかで、妻から夫への愛が11年決まるという研究結果があります。

また、東レ経営研究所主任研究員渥美由喜氏による「女性の愛情曲線（57ページ）」を見ると、妻から夫への愛情のピークは「結婚直後」であり、「出産」を機に夫への愛情は急降下します。しかし、その後回復するグループは、「産前産後」の妻へのケアをしており、ケアをしていなかったグループはその後も低迷し続けるという調査があります。

また、「②の子どもの成長」については、5～6歳の時に父との関わりが多い子どもは、関わっていない子に比べて10歳時点の抑鬱傾向が低いという研究もあります。（『生涯発達心理学』有斐閣刊より）

最後に「③地域での居場所」。男性は子育てに参加することで地域とのつながりを持つようになり、職場と家庭以外のコミュニティが生まれるのです。女性は何でも共通点を見つけて仲良くなるのが上手ですが、男性は「組織」の中で仲間をつくる傾向が強いです。そのため「学校」「会社」の後は…「地域」が必要になります。

しかしながら、子育てに参加していないと、地域との関わりを持つきっかけがなくなってしまうのです。子育てに参加し、地域の会に参加することによってパパ友など新たな仲間ができていきます。「子どもは地域のパスポート」と言われているくらい、子どもは地域とのつながりをつくってくれます。そうしていくと、定年後にも居場所がなく孤立するリスクもなくなるということも。

では、パパがイクメンにレベルアップするための〝パパの子育て時間〟を確保するには何が必要か。職場の理解ももちろんですが、それ以前に必要になるのが、**ママが子育てを上手に〝手放して任せる〟こと**です。

でも、この〝手放す〟というのがなかなか難しい。女性側に先述の〝3歳児神話〟や、「子どもにとっては母親がいちばん」という〝母性神話〟の思い込みがあったり、子どもが発する「ママがいい！」という言葉に惑わされたり。ママのほうが、子育てをパパに任せることに積極的になれず、ますます一人で子育てを抱えていき……。と

女性の愛情曲線

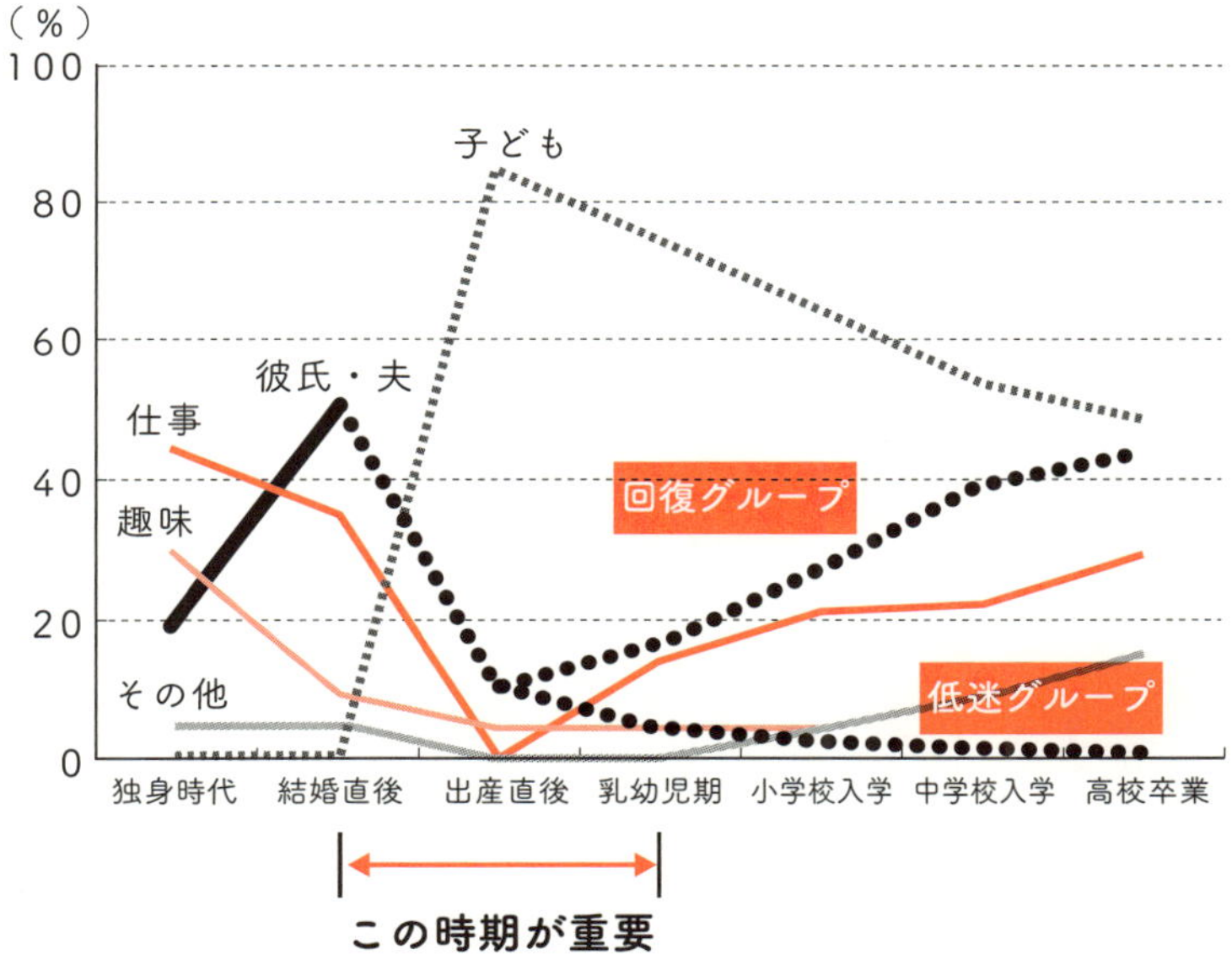

出典：渥美由喜「ワークライフ・マネジメント術③」（内閣府『共同参画』2010年7月号）

POINT
- 「出産」を機に夫への愛情は急降下する
- 「産前産後」の夫から妻へのケア次第で、その後の愛情が回復するかどうか決まる

いう悪循環になり、イクメンへの道は遠ざかってしまいます。

ごくまれに、子育てが大得意！　という男性もいますが、大多数の男性は子育てに苦手意識を持っています。女性も初めての子育てには不安を抱えるものですが、妊娠・出産という身体的な変化を経ることがない男性はなおさら心の準備に時間がかかるのだという認識を。ミルクをつくってもらう。オムツを替えてもらう。週に1回、お風呂に入れてもらう。**小さな一歩から少しずつ、パパを巻き込んでいく**しかありません。

ママもパパも初心者。でも、心構えはパパのほうが初心者な場合が多いことを受け止めて、少しずつでもできていること、やろうとしていることを前向きにとらえていきましょう。

「ママのやってほしいレベル」と「現在のパパのレベル」のすれ違いでイライラすることも多いかもしれません。そこはぐっと我慢をして、パパのレベルアップをサポートしましょう。

男性は女性から頼られると張り切って力を発揮してくれるもの。妻から頼られると張り切って子育てスキルを磨いたり、働き方そのものを変えようとしてくれる男性もいます。**「うちの夫はイクメンになれない」と決めつけず、イクメンになれる機会を女性のほうからつくろうとする意識を持ちたい**ですね。

パートナーを最強の〝子育てチームメンバー〟に変えるためのステップは、第3章でじっくりとお伝えしていきます。

両立不安

神話 5

「男性は今の働き方を変えられない」

UPDATE

夫婦の働き方を柔軟にプランニングしよう

国も企業も変わりつつある

繰り返しになりますが、**ワンオペ育児は、「どんなにパーフェクトで優秀な女性でも難しい！」と断言できるほどの超ハードワーク**です。それは、仕事と子育ての両立ということだけではなく、専業主婦の方であってもそうです。

それでも、長時間労働をよしとする空気にすっかり慣れ切った日本社会では、特に男性は「何時まででも残業できるでしょ」という無言のプレッシャーを職場から背負わされ、多くの時間を仕事に費やしています。

独身時代や結婚してから夫婦二人で過ごす期間には、「彼の仕事熱心なところが素敵」と思えたかもしれませんが、子どもが産まれたらそうはいきませんよね？

夫婦の間に産まれたわが子を二人で協力し合って育てていきたい、と願うのは自然なこと。なのに、**「うちの夫はあまり頼れないかも」と最初からあきらめてしまうのは、とても残念なこと**です。

はじめから「子育ては、私がメインで行っていく」とパートナーと一緒に話し合った上で決めていて、そのスタイルに対して前向きであればいいのですが、なし崩し的に「いつのまにか、私ばかりががんばっている」という状況に陥ると、夫婦仲もギスギスしてしまいます。

出産するまで、夫と同じくらいバリバリと働いていた女性でも、産後の育休期間中に仕事をしなくなり、すべての家事が女性に偏ってしまう。そうすると、家事育児を担うのは自分であり、「働き方を変えるとしたら私なのかな」といった無意識の刷り込みがいつのまにか染み付いてしまいます。その結果、なかなか「あなたも早く帰ってきてよ」と言えなくなってしまう。

また、男性側も「毎日こんなに忙しいんだから、これから先も働き方は変えようがない」と思い込みがちです。男性はキャリアとライフとのバランスについて、女性ほど考える機会がないためか、〝今の仕事〟に没頭して将来のプランは先送りにする傾向があります。

「自分の将来は会社が決めるもの」と考えている男性も少なくなく、弊社の企業向けの研修でも「5年先、10年先に、どんな働き方をしていたいですか?」と聞いても、「考えたことがなかった」という答えが返って来るのは男性のほうが多いです。

つまり、**夫婦の働き方・家事育児の両立は、育休中からかなり意識的にバランスをとらないと「夫の長時間労働」に傾くもの**、と心得ておきましょう。

「あなたのため」と伝える

育休中に、「家事育児は妻、仕事は夫」という構造をつくってしまうと、妻がどんどんワンオペに陥ってしまいます。早めの段階で「夫も含めて働き方を変えよう！」と積極的に働きかけることが大切です。

そんなのできっこないと諦めないで。やり方はいくらでもあります。

たくさんのご家庭の例を見てきて感じるのは、ポイントは**「働き方を変えることが、自分にとって必要なことなんだ」とパートナーに腹落ちしてもらう**こと。

「私のために、子どものために、がんばってよ！」と迫るのではなく、「あなたのために大切なことだと思う」と伝えることで、かなり聞く耳を持ってくれます。

「ねぇ、毎日そんなに夜遅くまで働いているけど、45歳を過ぎても同じように働けるの？　最近、風邪引きやすくなったみたいだし…」と、まずは体を気遣う言葉から。

「うーん、たしかに10年後は無理かも」という反応が返ってきたら、さらに〝将来〟へ視線を移していきます。

妻「だよね。5年上くらいの先輩はどんな働き方してる？　その先輩みたいになりたい？」

夫「マネジャーやってるけど、結構残業多くて大変そうだな」

妻「そうなんだ。同じ業界で、もっと働きやすい会社があったら、転職を考えてもいいんじゃない？　そういえば、知り合いで『時差通勤できる会社に移って、体が楽になった』っていう人がいるよ。保育園の送りも朝できるようになって、お子さんもすごく喜んでいるんだって」

転職までいかずとも、今の会社に柔軟に働ける制度がないか聞いてみてもいいかもしれません。少しずつ情報を与えたり、問いかけをしながら、**「働き方を変えていくための選択肢」を考えるきっかけを一緒につくっていきましょう。**

でも、夫は私の言うことは聞いてくれないんです。という場合は、パートナーが尊敬する先輩などの第三者を巻き込んで、背中を押してもらうのは重要な手です。

変化の兆しを気長に待つ

最初はなかなか行動に結びつかなかったり、反発したりと、うまくいかないことのほうが多いです。でも、このハレーションは変化の兆し。パートナーも今までの自分の価値観を変えていったり、やったことのない事にチャレンジしようとしているのです。ハレーションが起こってもしょうがないですよね。

反応が見えてきたら、それがたとえマイナスなことでも、「考え始めてくれているのかも」と思って気長に待ちつつ、諦めずに働きかけを続けていくと、ちょっとずつ変わっていきます。そして、さまざまな人に相談しながら、あの手この手でアプローチしていくのです。

私の知人の場合、一人目のお子さんの時には頑なに働き方を変えなかったパートナーが、三人目でついに育休を取った！　という例もありました。

実は私もパートナーとの話し合いがうまくいかず、毎日泣きながら生活するつらい時期もありました。しかし今では平日は一緒に18時に食事ができるようになりました。


ポジティブに誠実に伝え続けていたら、想いは伝わると思います。

ただどうしても、聞き入れてもらえないという時は、最終手段。とにかく想いをぶつけてみるのもありです。イクメンのパパさんも、「妻に出て行かれて改心した」という方もいます。ただこれは最終手段。まずは前向きに話していきましょう。

今の常識は5年後の非常識？

また、世の中も急速に変わろうとしています。

2019年4月にはついに、「働き方改革法」が施行されました。この法案には、長時間労働を是正するための残業規制、リモートワークなど柔軟な働き方の推進などが盛り込まれています。

男性の育児休業義務化を決める企業もどんどん増えています。生命保険会社の各社から始まり、リクルートや積水ハウス、先日はメガバンクで初めて三菱東京UFJ銀行が義務化に踏み切りました。

マイナビの調査によると、2018年卒の男子大学生・大学院生（1365人）の36・6%が、「育児休業を取得したい」と回答。「育休は取らないが、夫婦で子育てをしたい」と回答した割合も46・6%となり、合わせて8割以上が子育て参加に積極的という報告となっています。

今の働き方の常識は5年後には非常識になっているかもしれない。それくらいのイメージで、未来志向で話すクセを夫婦で身につけていきたいものです。

両立不安

神話6

「職場にプライベートを持ち込むべきではない」

UPDATE

上司ももっと部下の事情を知りたがっている
プライベートの悩みもオープンにしてみて

日本では「職場にプライベートなことを持ち込むのはタブー」という空気がどことなく漂っている。そんなふうに感じることはありませんか？

会社員であれば、与えられた仕事を予定通り滞りなく進めるのが当然であって、たとえ子どもが体調不良で看病が必要になっても、上司や同僚に相談するのはちょっと抵抗がある、という方も多いのではないでしょうか。「本当はマーケティングの仕事を続けたいけれど、定例部会は16時からで長引くと保育園の迎えに間に合わないかも…。だったらしばらく時短を使うか、不本意だけど部署異動するしかない？」

そんなふうに悶々と、一人で悩んでいるワーママさん、とても多いように思います。上司に遠慮するあまりタイミングを逃し、「妊娠を伝えたのも、産休が差し迫った時期になってしまった」という人も多いようです。

でも、**「子育ての事情や悩みは自分で解決すべきで、職場に相談してはいけない」という考えこそ、今すぐ捨てたほうがいい！**　と私は思います。なぜなら、上司は社員の事情をできるだけ細かく具体的に知りたがっているからです。

上司にとって、自分の部下が、いつ、どれくらいのパフォーマンスで働けるのかと

いう見通しはできるだけ早く立てたい重要事項です。

チームの中の誰かが妊娠・出産を迎えるとなれば、早急に休業中の業務を補う調整が必要となりますし、育休から戻ってきた後の働き方についても「5割になってしまうのか、家族の連携で8割カバーできるのか、目安だけでも知っておきたい」というのが本音です。

チームマネジメントの計画に欠かせない〝部下の情報収集〟ですが、昨今は職場のハラスメントが社会問題になっているため、上司から部下に直接聞く機会はなかなか持てなくなっています。

「旦那さんも子育てに参加できそうなの？」という問いかけがどう受け取られるかわからないので、上司からは聞きにくいのです。

「私の事情なんて、上司は関心ないと思う」なんて、とんでもない！

私自身、マネジメントする立場になって初めて、上司は部下のことをひたすら考える生き物なのだと気づきました。自分が部下時代に想像していたレベルの5倍は考えています（会社員時代の上司には「あの頃、わかっていなくてごめんなさい」と謝りたいくらいです)。

ただ、上司から部下の事情は聞きにくい。限られたコミュニケーションの中で、「察してください」というのも無理な話です。

だから、**部下のほうから積極的に、プライベートな事情や悩みをオープンにしていく**ほうが、ありがたがられます。特に、日本人、その中でも女性は会話の中で〝聞き役〟に回るのが得意な人が多いので、努めて〝伝える側〟になる意識が必要です。

「その伝え方が難しい…」と尻込みする人もご安心を。

私が企業研修でいつもお伝えしていて大好評のメソッドは第4章で紹介します。伝え方はスキルなので、練習さえすれば誰でも習得できるのです。

ワーママであるあなたが自分の事情を話すことで、他の人もそれぞれの事情を打ち明けやすくなる空気が生まれます。

上司のために、チームのために、会社のために。いい循環を生み出すきっかけとして、自己開示を始めてみてください。

両立不安

神話7

「周囲に迷惑をかけてはいけない」

UPDATE

ワーママの問題解決は誰にとっても働きやすい職場につながる！

最後の神話は、先ほどの「両立不安神話6」からつながる話です。

「周囲に迷惑をかけてはいけない」と職場で小さくなっているワーママさんを見かけるたび、私は「そんなに小さくならないでください！」と声をかけたくなります。


お迎えのために他の人より早く帰ることに引け目を感じて、退社時間に間に合うように猛烈に仕事をして、「すみません、お先に失礼します！」とサササッと帰る。

また、子どもの発熱など急な呼び出しで、同僚に仕事の代行をお願いするたび、「周りに負担をかけてばかりだなぁ」と罪悪感を抱えてしまう。

そんな日々が積み重なって、いつのまにか「子育て＝職場に迷惑をかける原因をつくるもの」という思考が根を張ってしまうのではないでしょうか。


いえいえ、とんでもありません。そもそも、仕事も子育てもしていること自体、本当にすごいことです。また、**子育てをきっかけとする働き方の諸問題は、すべての人の働きやすさと会社の成長・発展を生み出す〝宝の源〟です。**

限られた時間の中で濃密に働き、成果を出していく。そのために生み出される業務効率化の工夫や時短術は、誰にとっても役立つ、とても貴重なノウハウです。

これから高齢化・少子化が本格的に進み、2055年に日本の人口は1億人を切ります。労働力も減り、共働き率も上昇していく世の中では、男女問わず、介護の問題を抱えたり、病気と付き合いながら働き続けたりする〝**制約社員**〟**がマジョリティー**になっていきます。

子育て中の女性は、その先陣を切る〝最初の「制約社員」〟なのです。

濃密に働き、早く帰る

考えてみれば、**「濃密に働き、早く帰る」という働き方は、子どもがいる・いないにかかわらず歓迎されるもの**です。

私が経営するスリールでは、社員の6割は子育て中なのでフルフレックス、フルリモートワーク。そして18時には帰宅する働き方が全体に定着しています。私自身には今現在、子どもはいませんが、早く帰ってパートナーと夕食を楽しみ、22～23時位には寝てしまうという生活をしています。このように、ゆっくり心身を休ませる生活ができているからこそ、毎日エネルギッシュに仕事に打ち込めると実感しています。「堀江さんって、いつもハツラツとして元気そうですね」とよく言われる最大の理由は、〝サステナブル（持続可能）な働き方〟を実現できているから。

人生100年時代と言われる、長く働き続ける時代に対応するためには、「健康な働き方」を実現することが重要な条件になるはずです。

ワーママにとって働きやすい環境づくりは、すべての人にとって健康的に働ける環境づくりにつながっていくのだと、胸を張っていただきたいのです。

どんなに好きな仕事でも、体に不調をきたすほどのハードワークだと長続きはしませんが、健康を保てる環境に変わっていけば「ずっとここで働けそうだな」と明るい見通しが立ちます。

ずっと働くという前提に立てば、「自分がハッピーに働くためにも、会社は成長し続けたほうがいいな。だったら何を今やるべきだろうか？」と本腰を入れて考えるようになる人は増えるでしょう。
　すると仕事はより面白くなって、友達にも「うちの会社、おすすめだよ」と紹介したくなる。「働き方改革をすれば利益が上がる」という本質的な意味は、まずは**「社員が健康になって、会社のことを考え始める」**ことから始まるということです。

　働き方改革先進企業として有名なサイボウズなどは、まさにそんなサイクルを生み出すことで優秀な社員を集め、成長を続けています。かつて離職率28％だった同社が劇的な変化を遂げたのは、ビジョンを掲げ、多様性を追求したことからでした。**「100人いれば100通りの人事制度があって良い」**という方針を掲げ、時間と場所を自分たちで選べるウルトラワークスタイルや、自分の成長のために最長6年まで休暇が取れる「育自分休暇」などの仕組みを次々とつくり出しました。

　ただこの仕組みは、青野社長や人事部が勝手につくったのではなく、すべて社員から上がってきた意見を、何度も検討した上で作成し、実際に声を上げた社員に使ってもらい、意義を広げるという、徹底的なボトムアップ方式を取っていのです。（『チームのことだけ考えた』青野慶久著　ダイヤモンド社刊より)。

さらに、青野社長は「声を上げずに不満だけ言うのは卑怯だ」とも本の中で言っています。逃げずに受け止める環境があるからこそ、声を上げてほしいというメッセージなのです。働きやすい環境を求めるなら、社員自身が「こうしてほしい」とまずは言ってみることが大事。言わずにあきらめることは大変もったいないと思います。青野社長は、公私ともに大変尊敬する経営者です。著書の『チームのことだけ考えた』は、働き方改革に興味のある人なら必ず読んでほしい一冊です。

一人のワーママの退職の陰には

ワーママの不満を前向きな改善につなげることの重要性についてお話しする時、私がよく引用するのが、危機管理の分野で使われる「ハインリッヒの法則」です。

この法則は、「1件の重大な災害」が発生する状況の裏には、「29件の軽災害」があり、さらに「300件のヒヤリハット(災害に至らずとも、少しの差で災害になり得た状況)」が潜んでいると説く有名な理論として、聞いたことがある方もいるでしょう。

完全に当てはめることはできませんが、会社の中の組織の問題も、この法則で説明することができます。ある職場で「1人のワーママの子育てを理由にした退職」があったとしたら、同じ状況下で「29人の若手社員の離職希望」が隠れていて、さらに「300人の全社員の不満」が潜んでいる。そう考えていいと私は説明しています。

子育ては最終的な「引き金」になっているだけなのです。つまり**ワーママは、すべての社員にとっての働き方の要改善レベルを計る〝リトマス試験紙〟のような存在**なのです。

ワーママの皆さんは、**自分のためではなく、同じ会社で働く人のために、さらには社会全体のために、ご自身の働きやすさにこだわり、意見を発信してほしい**のです。

「周りに迷惑をかけているかも？」とチクっとした時は、職場の業務改善のアイディアを練る絶好の機会です。

「お迎えに間に合うために、会議の時間を30分前倒しにしてくれませんか？」と提案することで「自分もそうしたかった！」と思う同僚は必ずいるはずです。あなたの提案が、周囲の人もハッピーにすることができるのです。

そうとらえて、前向きな言葉で会社を変えていく主人公になっていただきたいと強く願っています。具体的な伝え方はまた第4章でお伝えします。

次の章では、まずは自分の「なりたい姿」をワクワク考える手法について、お話ししていきます。

column 01

私はこうして両立不安神話を乗り越えた

1章で紹介した「両立不安アンケート」より、印象深いもの、多くのワーママが共感できそうなものを集めました。参考にしてみてください。

＊家事と育児は母親が当然やるものと考えていましたが、2人目出産後、物理的に無理だと思い知りました。夫に、がんばりきれないことを伝えると、率先して家事を行ってもらえるようになり、少しずつ変わっていきました。

＊長男出産後、周りを頼ることができずウツ気味になりました。次男を妊娠したため長男を保育園に預けるようになってから、保育士さんの素晴らしさを知ったのと、周りを頼っていいんだ！と気付いたことで気が楽になり、乗り越えることができました。

＊子どもの病気でどうしても…ではなく、自分の学びややりたいことのためにベビーシッターを使うと、裕福だとか贅沢だとか思われている気がします。別に裕福なわけではないし、自分のお金を支払ってきてもらうのだから、自分の自由だと思い、私は「気にしない」と決めて自分のやりたいようにすることにしました。

＊1年半の育休期間後に、3つ下の後輩が先に昇格した。仕事内容は違えど、勤務時間の生産性は私のほうが高いのに「ゆるキャリ扱い」だったので、面談で上司と相談して翌年昇格できました。

＊子どもが生後10カ月の時、正社員もしくはフルタイム希望で就職活動をしました。面接官に「まだ小さいし、仕事は早いんじゃない？ 熱出されて帰られるのも困るし」と言われ、病児保育の利用や祖母への協力が可能と伝えるも、話すら聞いてもらえませんでした。何社か同じようなことが続き、心が折れそうになりました。

しかし、あきらめず就職活動を続けた結果、託児所がある事業所を見つけ就職。子どもへの理解もあり、責任ある仕事も任せてもらえ、仕事も子育ても家事もうまく回ってます。

いかがでしょうか？ あなたの周りにも、神話や不安を乗り越えたたくさんの先輩ママたちがいるはず。ぜひ、直接お話を聞いてみてください。

第2章

なりたい姿を明確にする

新時代のワーママ入門 実践編

第1章では〝現状把握〟として、ワーキングマザーを悩ませる両立神話とその背景について、一つひとつ、整理してお伝えしてみました。

なぜこんなにモヤモヤするんだろう？ という悩みの原因が明確になっただけでも、少しスッキリしませんか？

両立神話のほとんどは前の時代からの刷り込みである、ということもご理解いただけたのではないでしょうか。

子育てには〝正解〟はなく、その時代を生きる人にとって、最適で合理的な方法をつくっていくしかありません。

だから、今から考えると「古過ぎて信じられない！」という神話も、かつては多くの人が選び取ってきた最適な選択だったのだと思います。

新しい時代には、新しい子育てスタイルを。

第2章からはいよいよ「新・ワーママ入門」の実践編です！

自分らしい働き方・育て方とは？

これから皆さんにお伝えしたいのは、**自分らしいキャリアと子育てを実現するためのマインドセットの方法**です。

子育てをきっかけとして、キャリアの成長機会を失ってしまう、いわゆる「マミートラック（昇進・昇格とは縁のないキャリアコースに固定されたり、仕事内容が限定的になってしまう状況のこと）」。それを招く原因は、企業側の施策不足だけではないと私は思っています。

女性本人の心の持ち方にプラスして、ちょっとしたアクションを行うだけで、ワーママのライフ&キャリアは劇的に変わっていきます（もちろん、周囲のマインドセットも必要ですが）。

マインド（心の持ち方）とアクション（日々の行動）の両面から、今日からできるヒントをお伝えしていきます。この章ではまずマインド面を整えるステップとして、**「なりたい自分を描く」**というゴールを目指します。

え？　自分の？　子どものことじゃないの？

そんなふうに意外に感じた方もいるのではないでしょうか。

そうなんです。妊娠から出産、そして乳幼児のお世話をする日常を重ねていると、なんでも〝子ども中心〟で考えるクセがすっかり身についてしまって、「自分がどうしたいかは二の次」になりがちですよね。

復帰のタイミングについて考える上でも、自分がいつどんな仕事を再開したいかを考える余裕などなく、「とにかく入れる保育園を探すのに必死だった！」という人も多いかもしれません。

でも、**これからの長いキャリア、何より大事なのは「自分自身がどうしたいか、どうありたいか」**です。

この〝自分起点〟にこだわることは、将来にわたっての良好な親子関係をつくるためにもとても重要です。親が納得感をもって自分の人生を歩めていれば、「あなたのためにやりたいことを諦めたのよ」と子どもを追い詰める事態も生みません。パートナーに八つ当たりすることもなくなるでしょう。

子育てに追われて〝ほったらかし〟になりがちだった、自分自身の夢、目標、希望を、もう一度ゆっくり掘り起こす**「ワーママ・アップデート」**を始めましょう。

少しずつ、私がお手伝いします。

ワーママ
アップデート

「なりたい自分を描く」ためのレッスン

1

自分の思考グセを知る

女性だからこう、と性差で語ることは、あまり好きではありません。

でも、数多くのライフキャリアの相談に乗っていく中で、やはり女性により濃く表れる思考・行動の傾向はあると感じています。それは生物学的な性差というより、家庭や学校などで受けてきた教育の影響も大きく関わってきます。

その違いをアタマで理解することができれば、自分自身の〝思考グセ〟を客観的にとらえられて、「あ、また私はこう考えてしまっているぞ。気をつけよう」とセルフ矯正する意識づけにつながります。

具体的に、どんな思考グセがあるのか。

私は女性特有の思考グセの傾向を「女性の脳内構造」として、説明しています（すべての女性がそうと断定するものではありませんが、多くの女性の傾向としてとらえています）。

女性特有の3つの思考グセ

特徴は3つあります。

まず一つ目は、**「3方向同時思考」**。女性は**「キャリア」「プライベート」「周囲との関係」の3つを同時に考えようと**します。

これから自分がどんな職場でどんな経験を積んでいきたいかというキャリアの面、「結婚や出産はいつ？　2人目はどうする？」といったプライベートの面、そして、親や職場の同僚との関係を調整しようとする周囲との関係の面。

これらの3つをいっぺんに考えて解決しようとする結果、複雑な糸が絡み合ったようなゴチャゴチャの脳内に。

さらに、**将来のことを「先読み」して想像し、「120%」の完璧を目指さないといけないと考える傾向**があります。この「先読み」と「120%」が2つ目と3つ目。

「3方向同時思考」×「先読み」×「120%」を掛け合わせると、もう脳内はオーバーヒート状態です。結局、答えが出ないまま、グルグル、モヤモヤしている女性をたくさん見てきました。

このような思考が働いてしまうと、キャリア選択の上でも影響が出てきてしまうことがあります。

たとえば結婚を考えている28歳くらいの女性Aさんにリーダー職を打診したとします。Aさんの脳内はこんな状態になります。「仕事はがんばりたい（キャリア）」。でも、「忙しくなって結婚相手を見つける時間がなくなるかも。子どもができたら、リーダーは続けられるのかな？（プライベート）」「自分は周りに迷惑をかけずに完璧に仕事ができるのかな？（周囲との関係）」と不安になる。そうすると、「私にはできません」という答えをはじき出してしまうことがあります。

女性特有の3つの思考グセ

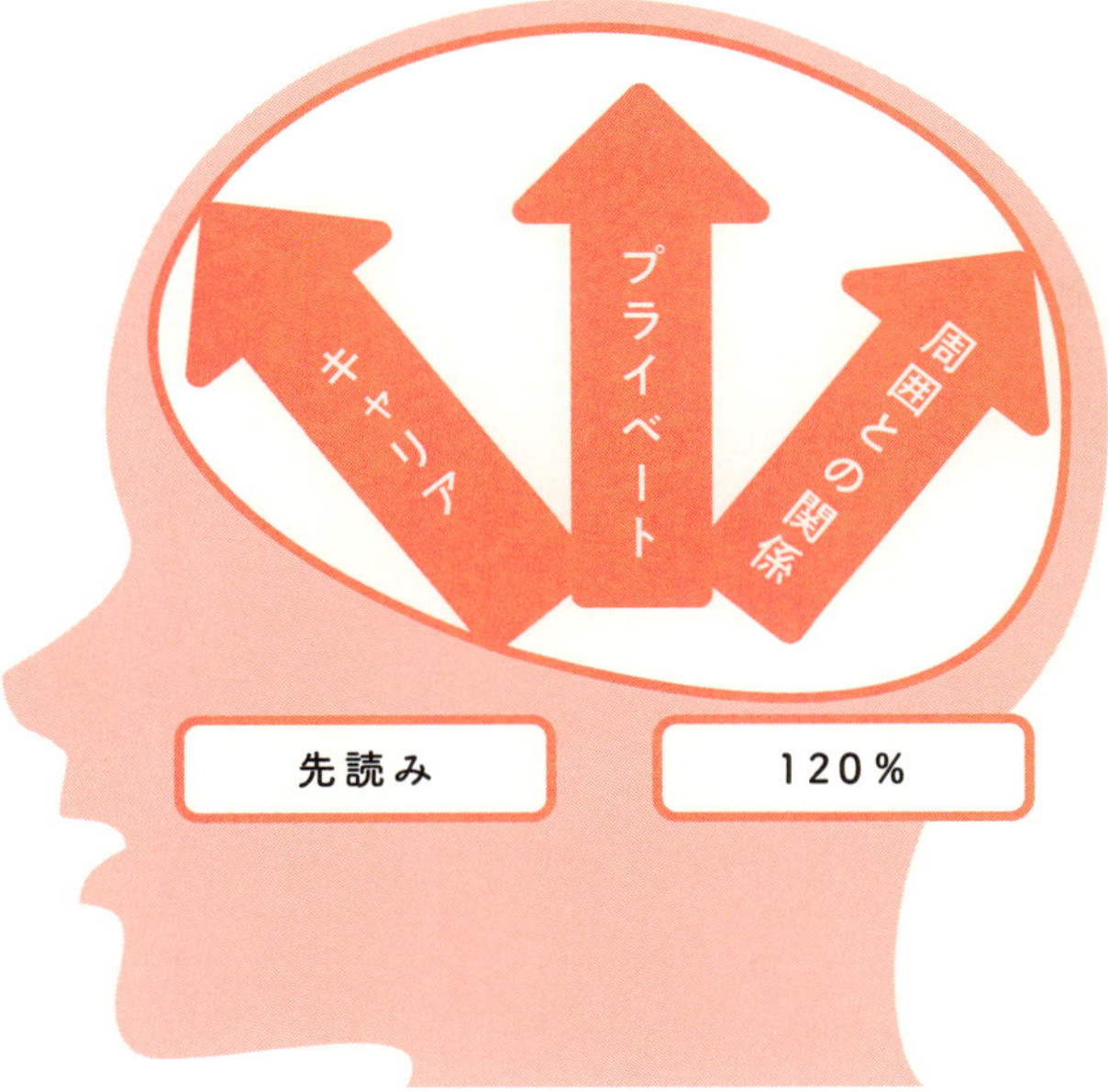

POINT 「3方向同時思考」×「先読み」×「120%」を掛け合わせると、脳内はオーバーヒート状態。
一つずつ整理して考える練習をしましょう。

仕事はがんばりたいけど、プライベートを先読みして「結婚や子ども」への時間をつくることを考え、周囲の期待を気にして、迷惑を掛けないようにと考えます。そうすると、**仕事へのモチベーションはありながらも、完璧にできないと考えて、あきらめてしまう**のです。

このような脳内構造、実は男性にはあまり見られません。

「仕事は仕事、プライベートはプライベート」と切り分けて考える傾向があり、上司から「このプロジェクト、任せても大丈夫か？」と聞かれたら、将来を先読みして迷うことはほとんどせずに、まずは「はい、大丈夫です！」と即答する。そのため、「女性はキャリアに対して積極的ではない」と言われてきました。

しかしながら、スリールの調査では、**「求められればマネジャーを経験したい」と答えた女性は66・5%**にも上りました（「両立不安白書」より）。Aさんの場合のように、仕事が好きでリーダー職を目指したいと思っていたとしても、プライベートや周囲との関係性を考える思考から、諦めてしまうというだけなのです。

だからこそ、女性の皆さんには、キャリアについてどうしたいのか。プライベート上での不安は何か。周囲とどういう関係性を築きたいのか。これを整理し、解決策を一つひとつ見つけていけば、実現する糸口は見えてくると考えてください。また上司の方やパートナーの方には、その思考の整理を一緒に手伝っていただければと思います。

キャリアアップを阻むもう一つの思考グセ

もう一つ知っておいてほしい思考として、**「インポスター症候群」**というものがあります。インポスター症候群とは、**何かを達成したり成功したりしたとしてもそれを自分の実力だと肯定できない傾向のこと**を指します。自分の能力を自己肯定できないために、「自分は他者よりも劣っているからもっとがんばらないと」と過剰に自身へプレッシャーをかけてしまったり、反対に「どうせ人よりも能力がない」とキャリアアップを諦めてしまう行動を取ったりする場合もあります。

アメリカで行われた研究では、女性が男性より劣るというステレオタイプがある仕事の場合、女性は男性に比べて自分の能力をより厳しく評価したほか、自身に課すレベルをより高く、厳しくする傾向があることが明らかになっています。(Shelley Correll, "Constraints into Preferences: Gender, Status, and Emerging Career Aspirations," American Sociological Review Vol 69, Issue 1, 2004より)。

女性たち自身は、自分たちがこのような環境にいる場合、ついそういう思考になってしまうことを理解すること。また管理職の方は、傾向として女性がこのような思考になりやすいことを理解した上で、しっかりと評価を伝え、その裏にある思いを理解するように努めていただければと思います。

では、こういった考え方や思考は、なぜ生まれるのでしょうか。**昔から周囲から言われていることや、教育の影響も**あると考えます。

男女平等の世の中になったとはいえ、小さい頃から女性は「周囲に協調できる子」「相手を優先できる子」「周りに迷惑をかけない子」が褒められる環境に身を置く機会が多く、「率先して手を挙げなさい」「いちばんになりなさい」「多少やんちゃでも元気がいい」と競争意欲を常に刺激されながら育つ男性とは、刷り込まれる内容がかなり違ってきます。

その結果、女性はどうしても「周りを巻き込んでまで、自分の希望を通すのはみっともないし、やるべきではない」という思考パターンに陥りがちで、ほうっておくと誰にも相談せずに一人で抱え込んでしまうのです。


長年刷り込まれた思考グセは一朝一夕には変えられません。

でも、「私はこういう脳内構造なんだ」と自覚するだけで、少し冷静に自分を見つめられます。もちろんこの脳内構造が「うちの夫婦は、男女が逆だ」という場合もあります。**大切なことは、それぞれの「思考グセを知る」こと。**このステップが、パートナーや上司部下の本質的な理解につながる大きな一歩になっていくのです。

ワーママアップデート

「なりたい自分を描く」ためのレッスン

2

「4つのL」でライフ＆キャリアをとらえる

なりたい自分を描く前に準備しておきたいレッスン。3つ目は、「自分」を見つめる視点についてお伝えしたいと思います。

ここで紹介したいのは、アメリカで最新のキャリア論を広めていったサニー・ハンセン博士が唱えた**「integrated life planning（統合的人生設計）」**という概念です。

ハンセン博士は、**個人のキャリアは、仕事だけではなく人生の複数の役割全体を包み込んで形成されるもの**と説明しています。

その複数の役割というのは、左に示した**「4つのL」**。

新しいキャリアの考え方

Integrated life planning（統合的人生設計）

個人のキャリアは、仕事だけではなく人生の複数の役割全体を包み込んで形成されるもの

By サニー・ハンセン

人生の4つの役割　4つのL

Labor **労働** （仕事）	Love **愛** (家族・子育て)
Learning **学習** （教育・学び）	Leisure **余暇** （仕事以外の活動）

POINT　育休や育児の期間は決して“ブランク”ではなく、“新たな強みの磨き時”

「キャリアについて考えよう」と言うと、職業としての労働（Labor）だけに視点を起きがちですが、**個人が人生で積み重ねていく価値は、労働だけでは成り立たないもの**のです。

「学校や地域、その他の場で、何を学んできたか」

「休日にどんな活動をしているか」

「家族、パートナーとどんな関係を築いてきたか」

そういったいくつもの要素が複合的に重なり合って、個人の価値を形づくっていきます。

私自身を振り返っても、中学時代から好きで実施していたベビーシッターや、ワーキングマザーへの研究が、やがてライフワークにまで広がり、今の職業と直結しています。また会社員時代に勤めていたマーケティングリサーチでの経験も、現在自社の中で白書を出したり、多くのリサーチを行う上で活きているのです。

プライベートでは、組織人事コンサルタントとして奮闘する夫の姿や、彼から直接教わる多様なインプットもまた、私の仕事に活かされていると感じることが多々あります。

仕事がきっかけの出会いがプライベートに広がることもあれば、逆もある。すべての時間や経験が切り分けられることなく、相互に作用して自分自身のキャリアをつくり上げているのです。

子育てで得られる経験・スキルは仕事に活きる

仕事もしながら子育てもするワーママさんの場合には、労働という単一のLだけの価値で見れば、「育休中に生み出している価値はない。むしろ職場に迷惑をかけているんじゃないか」とマイナスに考えがちですが、「4つのL」でとらえるとまったく見え方は変わってきます。

育休の間に出会う地域の人たちから得られる気づき、保育園をはじめとする子育てにまつわる社会の様々な課題、パートナーとの信頼関係や家事育児を含めた家庭のマネジメントなど……。

こういった世界の広がりや多様な経験は、仕事にも確実に活きてきます。

「ワーママ社員ならではの〝生活者視点〟を生かしてほしい」という経営者はこれまでもいましたが、これに限らず、子育てを通じて培われるスキル――たとえば、まったく属性の違う相手と交渉をするコミュニケーション力、限りのある時間の中で最大の成果を出す仕事術など、もっと広い意味で、いくつものスキルが身についているはずです。その強みを、周りも当人も理解することで活かされる場が多いと強く思います。

こう考えるだけで、**育休や育児の期間は決して〝ブランク〟ではなく、〝新たな強みの磨き時〟**に思えてきませんか？

ハンセン博士は、キャリアを一本道で続いていく線状のイメージではなく、ランダムに並べられた様々な色柄の模様「パッチワーク」のイメージでとらえなさい、とも提唱しています。

私はこの考え方が大好きで、まさに**キャリアとは、人それぞれにその人特有の体験**

の組み合わせで素敵なデザインを継ぎ足していく、パッチワークのようなものだと理解しています。

時にブランク＝白の部分があったとしても、それはアクセントとして全体を彩るポイントにもなりますよね。

ライフイベントも含めてキャリアとして重ねていくことで、その人それぞれに合ったデザインになっていきます。女性には、よりしっくりするイメージではないかと思います。

ご自身のパッチワークはどんな素敵な柄になるのか？　ぜひ楽しんで組み合せていっていただきたいと思います。

ワーママ
アップデート

「なりたい
自分を描く」
ためのレッスン

3

子育てはキャリアのネックにならない

ハンセン博士の話と関連して、私が何度でもお伝えしたいのは、**「子育てはキャリアのネックになるものではない」**ということです。

職場を見渡すと、いかにも肩身が狭そうにしているワーママ社員がいらっしゃるかもしれません。しかしながら、ぜひ、子育てという体験を周りも本人もとらえ方を180度変化させていただきたいと思います。私はオフィスの端っこで肩身狭くしていた方が、不死鳥のようによみがえり活躍している例をいくつも見ています。自分で決めつけず、限界を設けず、ぜひ本来の皆さんのありたい姿を実現してください。

繰り返しになりますが、**子育てを通じて得られるインプットは多大**です。

産院やスーパー、保育園を行き来する生活の中で、「なるほど。平日の13時くらいの郊外では、こんな生活が繰り広げられているんだ」という発見もあるでしょう。

保育園で出会ったママ・パパ友が、本業では接点がない職業で、思わぬ〝異業種交流〟につながったり。今は妊娠・出産する年齢も幅広くなっているので、年上・年下の知り合いが増えるきっかけにもなります。

もしかしたら、自社でリリースしているサービスや商品の改善点に気づき、「もっとこうしたら、かゆいところに手が届くものになります！」と自信を持って提案できるアイディアが生まれるかもしれません。

実際、私が普段関わっているワーママの皆さんにヒアリングをしても、「子育てを始めてから、活躍できるシーンはむしろ広がったかもしれない」と言う方は少なくありません。

最近は、「社外で多様な経験を積んで本業に生かすための副業（複業）」を奨励する企業も増えつつありますが、私は**「子育ても立派な複業！」と声を大にして言いたい**のです。

スリールでは、この学びを管理職研修に応用したものを「育ボスブートキャンプ」

というプログラムとして提供しています。マネジメント職の方に16時に会社を退社して保育園に子どもを迎えに行ってもらい、食事の準備や子どもとの関わりの全般を行っていただきます。そうすることで「16時で帰るってこんなに大変なことなんだな」「家に帰ってから息をつく暇もないんだな」や、「そもそも育児中の社員だけではなく、すべての社員に会社から帰った後のプライベートがあるんだな」という気づきが生まれます。子育て体験を通じて、「働き方の意識の改革」や「社員のプライベートへの理解」、「制約がある社員への理解」というようなダイバーシティマネジメントの研修につながっていくのです。

つまり、**子育ては、マネジメントスキルにもつながる経験**なのです。

子育て経験をプラスに語る

「はじめに」にも書きましたが、ワーママ応援団長としてもう一度言わせてください。

ワーママの皆さんの経験と視点は社会の宝！　どうぞ胸を張ってください！

今後多くの人が制約付き社員になり、多様な働き方に直面していきます。マネジャー自身もこのような状況を理解することが「多様な人材のマネジメント」を行う上で重要になるのです。

とはいえ、まだ一般的には、この認識に追いついていない人がほとんどです。

だから、周りがどう言うかよりも先に、まず**ワーママ自身が「子育て経験をプラスに語る」意識を強く持つ**ことが大切なのです。

すべての経験が自分を成長させる。
子育てをしている私も、仕事をがんばっている私も、すべてが私だ。

そう思ってください。

たとえば、「子育てで○○という経験をしたからこそ、今の仕事に役立っている。△△という課題に気づいた」というように、すべての経験が〝自分のキャリアにつながっている〟という感覚を持ち続けて、周りにも伝え続けていってください。

キャリア理論で有名なマーク・サビカスも「〝自分という感覚〟を持ち続けることが大切」と唱えています。**自分が経験してきたことを、統一したストーリーにしていく。**それを意識していくだけで、皆さんの人生やキャリアは輝き始めます。

子育てをプラスに語り始めると、前向きな情報交換ができる仲間も集まりやすくなります。

特に女性は共通点一つでネットワーキングができるコミュニケーション力に長けている人が多いので、「育休復帰後に、他部署や他企業のワーママ仲間が増えた」という声もよく聞きます。

いろいろな場所に情報交換ができる知り合いが増えるというのは、キャリア形成上も大きなメリットになります。

これは私にも思い当たる経験があります。

学生時代からシッター経験豊富で、多くの家庭を見てきた私は、新卒で入った会社にて、ワーママの先輩から〝子育てマスター〟として頼りにしてもらえたのです。

「堀江さん、また聞きたいことあるから、ランチに行かない?」と誘ってもらっては、先輩の子育て相談を聞いて、私の経験から様々な事例をお伝えすると、とても喜んでもらえたのです。

さらに、話題は「堀江さんはこれからどういう仕事がしたいの?」という私のキャリア相談に。「こんなプロジェクトにチャレンジできたらいいな~と思っています」と伝えると、その先輩が部門の上司に伝えてくれて、本当に希望がかなってしまった! なんてことも実際にありました。

子育ては人生の充実度を高めていく〝風船〟のようなもの

また、スリールの社員のHさんは、学生結婚・出産経験者で24歳の入社時点ですでに2歳のお子さんを育てるワーキングマザーでした。5年前の日本企業の〝ジョーシキ〟では就活にも苦労することも多かったようです。しかし、彼女は学生時代に学園祭の実行委員をやっていたり、アメリカの人気テーマパークで働く経験をしていたりと、とても魅力的なパッチワークを組んでいる女性でした。
そのすべての経験をフルに活かしながら、今では大活躍してくれています。

そんな経験をあちこちで見聞きしていると、**子育てという経験は、ライフとキャリアを一体化させて包み込んで大きくなる〝風船〟のようなもの**なのかもしれないと、ふと思いました。

仕事、学び、余暇、愛情、すべての価値を膨らませて、人生全体の充実度を高めていく。名付けて**「ライフ＆キャリア バルーン」**！

ライフとキャリアは対立したり、お互いを奪い合う関係ではなく、相互にプラスになるもの。そしてその経験は、自分自身を大きくしてくれるもの。

こんなイメージを描きながら、子育てともっとポジティブに向き合える方が増えてくれるとうれしいです。

ライフ＆キャリアバルーン

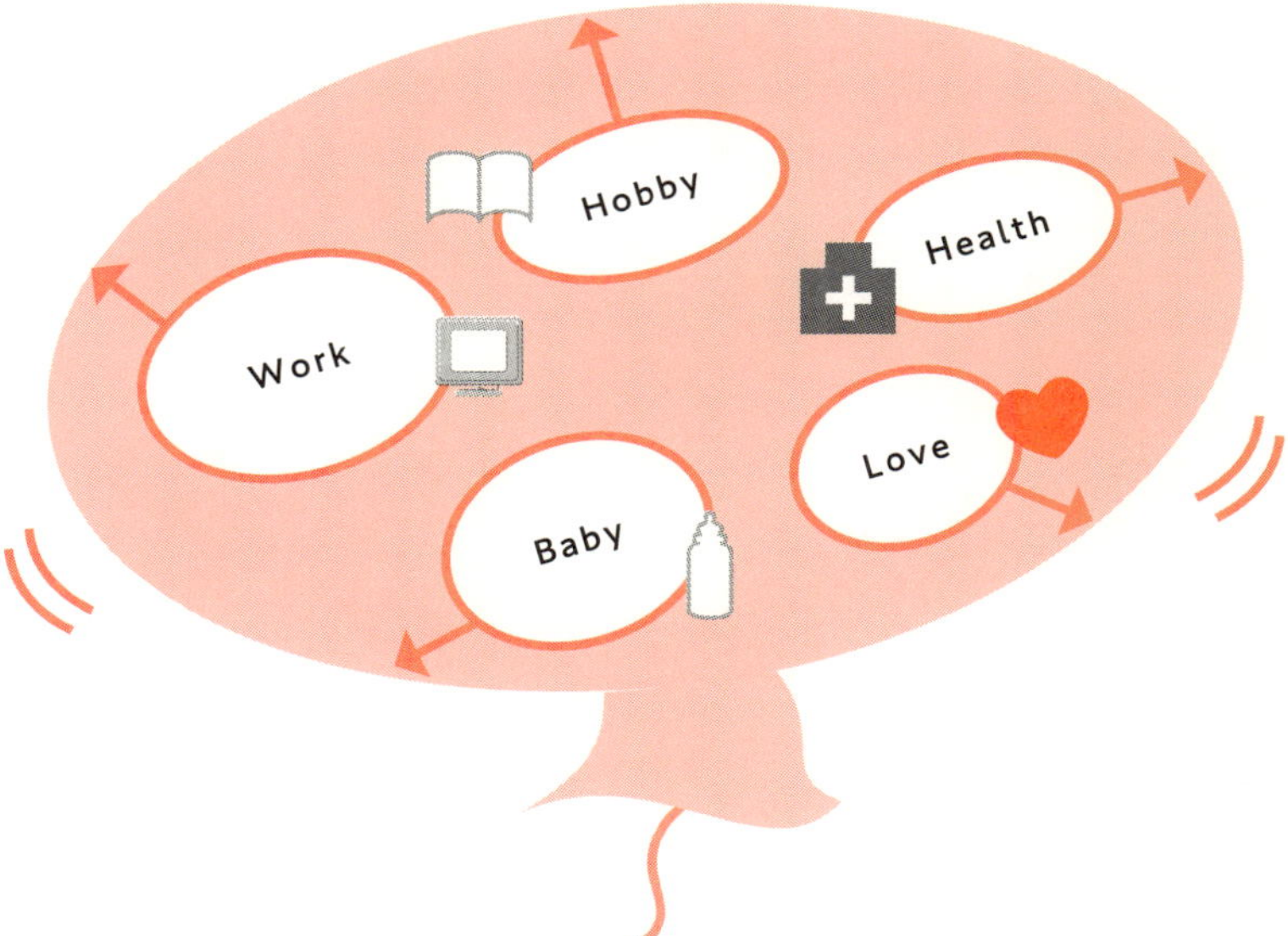

POINT さまざまな経験が、人生の充実度を高め、
より大きな風船のように膨らんでいく

ワーママ
アップデート

「なりたい
自分を描く」
ためのレッスン

4

3年後のビジョンを絵に描く

ここまで読んでいただいた方の中には、「そうは言ってもね」とため息をつく方もいるかもしれません。

いくら前向きにと言われても、日々の育児は待ったなし。子育ての経験を仕事に活かそうとアクションを起こす余裕すらない！

おっしゃるとおりです。特に0～2歳くらいまでは、子どもの体調も安定しませんし、何より親自身が子育てに慣れていません。

1週間後の見通しさえ立ちにくく、仕事での自己実現なんて遠い先に感じる。

それが現実なのは百も承知です。だから、私は〝今すぐ〟ではなく〝3年後〟のなりたい自分を描くワークをおすすめしています。

1年後だとあまりにも「現実」すぎてしまう。しかし「5年後」だと遠すぎる感覚がありますよね。3年後だと、ちょっとした夢を想像しやすい期間なのです。また現在お子さんが0歳だとすると、3年後は子どもが3歳を迎えて少し体調も落ち着く頃。急な発熱による呼び出しも激減します（詳しくは後述しますが、子育てを中長期でとらえるスキルを身につけることも重要です）。

少し先の未来を、ワクワク描いてみる。最初から完璧に描くのではなく、まず手を動かしてみましょう！

なりたい自分を描く3つのワーク

では、さっそく始めます。

まず、本書の最初のページに折り込んである「なりたい自分がわかる・人に伝えられる4つのワーク」という用紙を切り取り、ペンを用意してください。

書き込むスペースが少し小さいと感じる方は、何も書いていない白い紙などに項目や枠を自分で書いてもＯＫです。

これから、次の３つのステップで「３年後のビジョン」を描きます。

①今モヤモヤしていることを書き出す（「モヤモヤ吐き出しシート」を使用）

②３年後になりたい自分を描く（「ビジョンシート」を使用）

③②を実現するために必要なアクションを書き出す（「アクションシート」を使用）

①で現在の自分の状況や気持ちを把握し、②で「なりたい自分」が可視化され、③で現在と未来をつなぐアクションが明確になります。

難しくありませんから、一緒にやってみましょう！

なりたい自分を描く3つのワーク

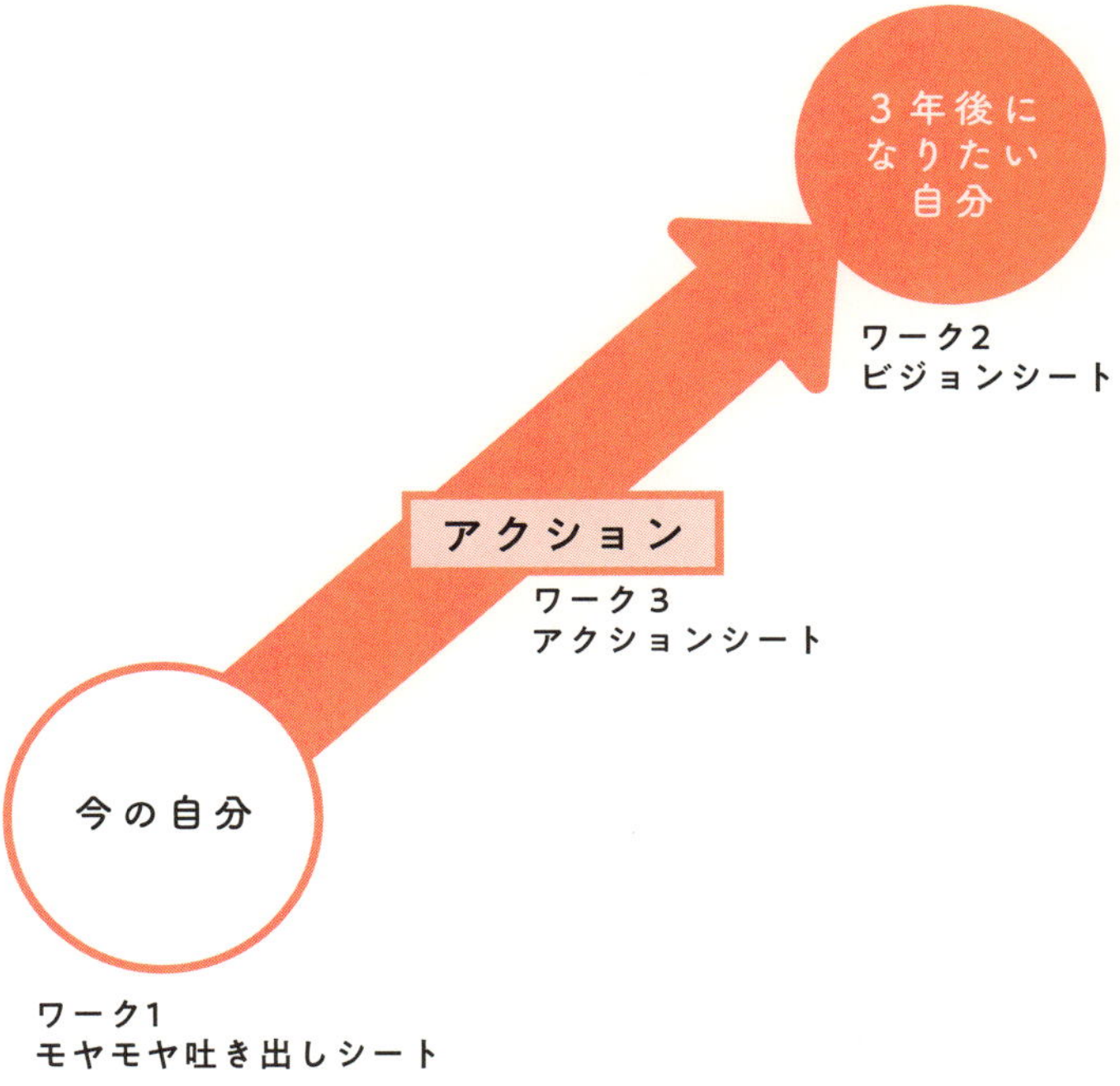

POINT 現在と未来がつながったアクションが明確になると「前向きに行動」できる

①モヤモヤ吐き出しワーク

現在抱えているモヤモヤがあると、なかなか未来の素敵な絵は浮かばないですよね。だからこそまずは、今現在抱えているモヤモヤをスッキリ吐き出すステップを踏むことが大切です。

この「吐き出す」というプロセスにとても意味があって、頭の中で考えているモヤモヤを、言葉にしたり、書き出したりして〝外に出す〟ことで、デトックス効果があります。特に、**書き出して文字に〝見える化〟すれば、その文字を客観的に見つめ直すことができて、自分自身を俯瞰できるようになります。**

では、「モヤモヤ吐き出しシート」に、「今の生活満足度」とその理由、「仕事」「プライベート」「将来のこと」のそれぞれに関して、迷っていること、悩んでいること、引っかかっていることを自由に書き出してみてください。

ペアやグループになって行うのもおすすめです。お互いに、記載した内容をシェアしあい、その後に質問し合うとさらに自分の考えが深まります。

モヤモヤ吐き出しシート（記入例）

ズバリ、今の生活満足度は何点？　**60**／100点

理由

- 時短勤務はありがたいが、子どもを産む前に比べて、仕事で評価されていない気がする
- 家事育児の負担が大きく、疲れがとれない

どんなことにモヤモヤしている？

仕事のこと：

- もっと自分のスキルを活かせる仕事がしたい。
- 子どもの発熱などで突発的に休むと周りに迷惑なので、責任ある仕事にためらいがある
- 同期がどんどん大きな仕事を任せられていて、焦る

プライベートのこと：

- 発熱呼び出しが多い。いつまで続くのか？
- 家事・育児の分担が自分ばかりに偏っている気がする。夫と話す時間がない
- 仕事と育児だけの生活。友人とも随分会っていない。夫は飲み会が多い

将来のこと：

- このままずっと自分が家事育児をしていたら、やりたいことができなさそう
- 緊急時は母にお願いしているが、高齢なので介護も気になる

②3年後になりたい自分の絵を描く

次に、「ビジョンシート」を用意してください。

まず、シートの上部に、3年後の自分の年齢、その時のパートナーの有無、パートナーの年齢、子どもの有無、人数、年齢を、理想でよいので記入してください。

そして中央の枠内に**「3年後、どんな姿で働く自分になっていたいか」**を描きます。**ポイントは〝絵〟で描くこと。**

うまい・下手は関係ありませんのでご自由に！　これは「ビジョンワーク」というワークショップです。頭の中で浮かぶビジョンを絵に描くことで、文字にしようとすると取りこぼしてしまう希望や価値観まで表現することができるのです。**描くことによって具体的に想像できるようになり、描けたものは現実に近づくことができる**と言われています。

このワークは、とにかく無責任に未来をワクワク妄想していただきたいので、キラキラやハートマークなど描いたり、色をつけたり、下手でも自由に思うままに書き入

ビジョンシート（記入例）

3年後の基本情報

自分の年齢：35歳　　パートナー：有／無　年齢：35歳

子ども：有／無　年齢：妊娠中、4歳

住まい・地域について

東京/地元/海外？/どんな家？/環境？

一軒家/マンション/緑がたくさんある家/実家の近く

仕事内容・役割

どんな仕事？/どういう役割？

技術系の仕事/マーケティングの仕事/人前で話す仕事/リーダーの役割を担っている/後輩の育成をしてる/専門職として活躍

平日の過ごし方

日中は何をしている？夜は？

仕事は、しっかり効率的に。フルタイムだが、フレックスを使って17時には退社する。夜はパートナーも揃って食事。

趣味・学び・熱中しているもの

どんなことに喜びを感じ、熱中している？

趣味のダンスを月1回でもできる時間をつくる。キャリアアップのための勉強会にも行っている。

3年後の自分

休日の過ごし方

休みの日の日中は？夜は？長期休暇は？

家族と公園で遊ぶ。ホームパーティで仲間を招く。隔週1回は自分の時間を持つ。月1回パートナーとデートする。年1回は旅行に行く。

仕事で関わっている人

どんな人と一緒に仕事をしたいのか

仕事に対して前向きな仲間と仕事をしている。

仕事以外での交友関係

どんな仲間と過ごしたいか パートナーはどんな人？

共通の趣味の仲間と月1回は会う。仕事やママ友以外の人とも会っている。

家族

パートナーとの関わり 子育ての形は？

2人目妊娠中。家事・育児は、パートナーや周りの人とシェアをする。親とも近い距離にいる

POINT ❶制限を設けず、ワクワクする姿を描く
❷かなった前提で「断定形」で書く

れていきましょう。**大事なのは、自分がワクワクできる絵を描くこと**です。

記入例を見ながら、5分くらい時間を取り、3年後にタイムスリップして描いてみてください。どうしても描けない場合は、そのまま先に進み、描けそうになったら戻ってきてください。

ちなみに私は、この「ビジョンワーク」を毎年続けていたことで、仕事もプライベートも理想に近づくことができました。5年前に「京都に拠点を創りたい」というビジョンを描いたところ、現在京都府との仕事が3年目になり、どんどん大きい仕事になっていっています。またパートナーについても、思い描いていた関係性の人と出逢うことができました。

今まで1万人以上の人にこのワークを提供しており、数年後「絵に描いていたことが実現しました！」という人が続出。とてもパワフルなワークなのです。

さて、ワクワクできる絵が描けたら、**その絵を客観的に眺めてみましょう**。

3年後の自分が働きたい場所の雰囲気は？ ファッションは？ 誰と働いている？ など、細かい点について考えてみます。周囲にある8つのブロックを一つ一つ埋めていってください。

自身が書きやすい順番でかまいません。3年後の住まいや趣味、仕事で関わっている人など、「こうなっていたらいいな」という理想や妄想を書いてみてください。

もし、中央の絵がまだ描けていない人は、ここでもう一度挑戦してみてください。

みなさんも〝未来起点〟のビジョンが広がってきたのではないでしょうか。

キャリアを充実させていくにはこの〝未来起点〟を持つことが大切なのですが、日々の子育てに追われると、どうしても〝現実起点〟に傾いてしまいます。

現実の問題をなんとかやりくりすることだけに注力していると、現時点で持っているリソースの中で100％達成するのが最高値に。

しかし、〝未来起点〟でなりたい自分を描くことからスタートすると、「今はできていないけれど、この希望をかなえるために何ができるだろう？」という100％超えの目標設定ができるようになります。

「今の100％をはみ出す未来を描く」という意識づけが、ハッピーなワーママを増やすためには不可欠！　と私は信じ、日々セミナーでもお伝えしています。

③必要なアクションを書き出す

次は、「アクションシート」にとりかかりましょう。

3年後の「なりたい自分」が可視化されました。では、**「今の自分」が「なりたい自分」に近づくために「必要なアクション」は何か？** 記入例を見ながら書き出してみましょう。

なりたい自分を実現するには何らかのアクションを起こさなければ、かなえられませんよね。そのシンプルな構造を頭に入れて、アクションの中身を考えるのです。

まず、「3年後になりたい自分は？」という項目には、「ビジョンシート」で描いた絵や周りのブロックに記入した内容を眺めてみて、これらを簡潔にひとことで書いてみてください。

そして、その自分に近づくために、「新しく始めたいこと」、「続けること」「やめること」を書き入れてください。また、わからないことや疑問も出てくると思います。これもあいまいにせず、「知りたいこと」の項目に書き出してください。

アクションシート（記入例）

3年後になりたい自分は？

自分のスキルを活かして仕事をしながら、
家族との時間も大切にしている

「3年後になりたい自分」に近づくためにすること

新しく始めたいこと：

- 月に1回は会社以外の人と会う
- 家事を外部サポートにお願いしてみる

続けること：

- 月に1冊は読書をする
- 料理はリフレッシュになっているので続ける

やめること：

- 夫に相談せず、一人で抱え込むこと
- 職場で遠慮すること

知りたいこと（今わからないこと・疑問なこと）：

- 人前で話す仕事に興味がある。必要なことは？
→調べる・話を聞いてみる
- 自分の夢を実現しつつ、子育てできるのか？
→やっている人がいないか探す
- もう少しラクな時短術はないか？→本を読んでみる

疑問を書いたら、それに対してどうするのか（アクション）も書いてください。たとえば「人前で話す仕事に興味がある。必要なことは？」という疑問に対しては、「自分で調べてみる」「そういう仕事をしている人に聞いてみる」など、アクションにつなげることができます。このようにやるべきアクションを可視化することで、少しずつ「なりたい自分に近づけるかも！」という気持ちになるのです。

ただし、**今すぐ行動しようと焦る必要はありません**。あくまで「今」は、「3年後」に向けての準備期間。子どもの性格や体質によっては、1〜2年はまったく自分のための時間がとれない場合もあり得ます。ただし、それもずっとは続きません。

何となく頭の中で「こうできたら良いな」と思い描くだけで良いのです。そのようにアンテナを立てることが、いつか思い切り飛び立てる日に向けての、準備期間だととらえていただきたいと思います。

ワーママ
アップデート

「自分らしい子育て」のレッスン

1

3つの状況軸を組み合わせる

子育てのスタイルは十人十色。そして、世の中にはたくさんの子育て情報があふれています。

なのに、「自分にとって最適なスタイルがなかなか見つからない」と迷うことはありませんか?

たとえば、地方出身で頼れる親が近くにいない人にとって、実家が近くいつでも親を頼れる人の体験談はあまり参考にはならないはずです。

「うちの子、活発で社交的だから、週末はお友達の家に預けちゃったわよ」と先輩ママからせっかくアドバイスを受けても、「うーん、でも、うちの子は引っ込み思案だから、自宅でしか遊べないだろうなぁ」と内心思ったり。

このミスマッチを解消するには、**自分の状況を客観的に理解し、自分なりの〝判断軸〟を持つ**ことがとても重要です。この判断軸をしっかりと持っておけば、自分にピッタリの情報をみるみる得られるようになるのです。

状況整理は次の3本の組み合わせによって決まります。まずは、自分の状況を整理することが重要です。

・**自分（キャリア）軸**：どんな仕事をしていきたいか？ 目指すキャリア像は？
・**子ども軸**：子どもはどんなタイプか？（性格、体質、兄弟の有無など）
・**サポート軸**：頼れるサポーターは誰？（パートナー、親、ママ友、シッターなど）

たとえば、自分は「マーケティングの仕事を続けたい（自分軸）」×「子どもは、人見知りであまり家族以外に預けられない。よく風邪をひいて、保育園から呼び出される（子ども軸）」×「夫婦ともに実家が遠く、両親のサポートは得られない（サポート軸）」というような掛け合わせです。

3つの軸による状況整理

自分軸	×	子ども軸	×	サポート軸
自分の特徴		子どもの特徴		サポート環境
● キャリアの志向 ● スキル ● 体調・年齢 ● プライベートを含めたビジョン		● 性格 ● 発達 ● 人数		● パートナー ● 両親・親戚 ● 会社 ● 地域/サービス

POINT 軸を設定する順番は、第一に「自分軸」。
自分がやりたいこと、キャリアをまず大切に。

89ページでお伝えしたように、女性は「3方向同時思考」により、この3つを一緒くたに考えて脳内がゴチャゴチャに絡み、考えることさえ諦めてしまうケースがとても多いのです。

一つひとつ、独立した3本の軸として順番に考えながら、「私はどの組み合わせだろう?」ととらえ直してみましょう。

重要なポイントが一つ。この3本の状況軸を設定する時の〝順番〟です。

子育て中はどうしても子ども中心で何事も進んでいくため、「子ども軸」から最初に考える人がとても多いのですが、大事なのはまず「自分軸」。先ほどの3年後のビジョンを描いたように**自分自身のキャリアをどうしていきたいか、また子育てを含めてどんなプライベートを送っていきたいのかという点から確認**していってください。

この順番を守ることで、自分の希望を見失うことなく、子育てを組み込んだライフ&キャリア設計を描けるようになります。

ワーママ
アップデート

「自分らしい子育て」のレッスン

2

たくさんの先輩ワーママに会いにいく

先ほど、ビジョンワークを行った時に「なりたい自分」に近づくための「アクション」を書き出しました。

このアクションの具体例を考える上で情報源になるのは、**「他のワーママはどうしてきたのか？」というケーススタディ**です。

雑誌やネットで見られる情報ももちろん役立ちますが、やはり自分と環境が近い身近な先輩の話はよりリアルに理解できるもの。育休中や復帰後にも、できるだけたくさんの先輩ワーママと話すことをおすすめします。

子育てで本当に大変な乳幼児をお世話する時期は数年で過ぎるので、すでに小学生や中学生を育てている先輩ワーママは、「余裕」の風を吹かせているように見えるかもしれません。でも、きっとそれは「喉元過ぎれば…」というもの。「このくらいの時期にはどうしていましたか？」と聞いてみると、きっといろんな苦労話や驚くような乗り切りエピソードがわんさと出てくるはずです。

外にランチに行くのもいいですが、いちばんのおすすめは**先輩ワーママのご自宅に遊びに行かせてもらうこと**。職場では見られない、ママの一面があふれる日常を垣間見れるはずです。子育てしやすいお部屋のレイアウト、共働き家庭での夫婦の連絡方法、子どもが二人いる部屋の大きさや、小学生のプリントの多さなど、そんなリアルな情報が具体的なアクションのヒントの宝庫になるのです。

また後述しますが、逆に自分も招く側になって、シングルの後輩たちに子育て中の日常を見せることも、自分にとってプラスに働きます。

「同僚とホームパーティを楽しむ」は、子育てとキャリアを同時に充実させていくためのおすすめ習慣です。

先輩ワーママから情報を得る際、思い出していただきたいのが、お伝えしたばかりの**「3つの状況軸」**です。

子育てのスタイルは、その人のキャリアの希望、子どものタイプ、周囲のサポートの組み合わせによって、最適解がかなり変わってきます。

たとえば、前述した「マーケティングの仕事を続けたい（自分軸）」×「子どもは、人見知りであまり家族以外に預けられない。よく風邪をひいて、保育園から呼び出される（子ども軸）」×「夫婦ともに実家が遠く、両親のサポートは得られない（サポート軸）」という状況軸だったとします。この状況だと、基本的に「子どものために、キャリアを諦めないといけないかも」とあきらめがちになってしまいます。

しかし、同じような状況の人がいた時に話を聞いてみると多くのヒントが得られるのです。たとえば「子どもは人見知りだったけど、何度も同じシッターさんに来てもらったら、すごく懐いて今では人見知りもなくなった」だったり、「1～2歳の時はよく呼び出しされたけど、3歳以降は驚くほど健康になったので、そこからキャリアのアクセルを踏んで今ではマネジメントができているの」など、自分が考え得なかったような方法をたくさん聞くことができます。

自分の組み合わせに近い人を探すというより、**目の前でアドバイスをしてくれている方がどんな組み合わせで子育てスタイルをデザインしてきたのか？　と、少し引いた目で分析しながら聞くように意識**してみてください。

「周囲のサポートの条件は全然違うけれど、お子さんのタイプはうちと似ているみたい」と共通項を見つけたり、その共通項に自分とは違う組み合わせを掛け合わせた時にどんなことが起きているのか、リサーチする視点を持ってみると、とても参考になります。

また、「ビジョンワーク」で行ったように、「自分がどうしたいのか」をまず考えていくと、多くの選択肢が出てきます。諦める前にまずはリサーチから始めていきましょう。

自分らしい子育てをデザインするための「３つの状況軸」を、子育て情報をインプットする時にもぜひ役立ててみてくださいね。

ワーママ
アップデート

「自分らしい子育て」のレッスン

3

長期的視点で、自分で決める

子育てが始まってからのライフ&キャリアをデザインをする上で、ぜひ身につけていただきたいのが**「長期的視点」**です。

子どもの保育園入園や入学、受験と子育てが立て込んでいる時に限って、突然の異動、パートナーの転勤、親の病気など、いろんな〝想定外〟が降りかかってくるのが人生です。

急展開に圧倒されるまま、「今の状況ですべて抱え込むのは無理…」と後先をあまり考えずに仕事をやめてしまい、後悔する女性をたくさん見てきました。

その時は「子どものため、パートナーのため、家族のため」「私一人が我慢すれば丸く収まる」と自分を言い聞かせていたとしても、我慢して押さえつけた感情は決して消えることなく蓄積していくもの。

十数年後には「子どものせい、パートナーのせい、家族のせい」「なんで私だけが我慢しなければならなかったの？」と不満を抱えながらも、元に戻ることはできないジレンマを抱えることに。この本を読んでくださった方には、そうなってほしくないのです。

家族のためにキャリアを一時中断するという選択を否定するわけではありません。大事なのは、〝納得感〟です。**自分が心から納得する選択として、その道を選んだという確信があれば、その選んだ道を自分たちなりの「正解」にするために努力し続けられるはず**です。

「向こう3年はエンジンを切るけれど、その先はもう1回、思い切り走るぞ」という長期的な見通しを立てて、家族とも共有できていれば、一時的なキャリアダウンに対する不安もかなり軽減されるのではないかと思います。

長期的視点で納得できるライフ&キャリアを計画して実行したケースを、いくつか紹介しましょう。

全員、子育ても仕事も楽しめているご家族です。

事例① キャリアチェンジで別居子育て、小学校入学と同時に再合流

埼玉にお住まいだった理学療法士のAさん。パートナーは異業種で働いていましたが、第一子妊娠前に仙台への赴任が決まりました。その後Aさんは妊娠。家族とともに暮らすことを決心し、産後に仙台に転居します。

しかしながら、その矢先に2011年東日本大震災が発生。そのタイミングでAさんには千葉での仕事、パートナーには神戸での仕事のチャンスが訪れます。その頃、ちょうど仕事のギアを入れたいタイミングだったAさんは千葉で一人、仕事をしながら子育てをすることに。

ただし、パートナーと「小学校入学と同時に、家族は一緒に暮らそうね」と約束したのだそうです。千葉に住んでいた間は、子育てサポートを上手に巻き込み、拡大家族で楽しく子育てをしていたそう。

その2年後、パートナーとの約束どおりAさんも神戸へ移ってそこを定住の場所と決め、夫婦での子育てを再開したそうです。

もう一つ大切にしたのは子どもの希望。子どももこのタイミングで家族で一緒にいたいと言ってくれました。小学校入学時が、キャリアや家族の在り方に子どもの意見も反映されたタイミングだったのです。

キャリアで「今しかつかめないチャンス」が訪れた時には、柔軟に考える。そして、「わが家にとって、子育てのどの時期を最も大切にしていくか」という中長期プランをご夫婦で話し合えた素晴らしい事例だと思います。

事例② 子育てを優先してキャリアチェンジ

Bさんは学生時代から交際していたパートナーが先に秋田で働いていました。卒業したBさんは東京で就職し、彼も「1年後には東京に戻る」という話でしたが、結局その話はなしに。

このままでは彼と家族になれないかもと危機感を抱いたBさんは、一念発起して仕事を辞めて秋田へ。「夫婦でしっかりと家庭を築いていくことを優先して、キャリアはイチから積み直そう」と考えたそうです。

その後秋田で出産をし、母となってから産後ケアのインストラクター資格を取得。その後、さらなるパートナーの転勤で福井に行った後も人気のインストラクターとして新聞などにも取り上げられ、大活躍しています。

事例③ 子育てをパパに任せて「海外で働く」夢を実現

ずっと海外で働くことが夢だったCさん。学生時代に結婚したパートナーとの間に生まれた子どもをとてもかわいがっていましたが、海外で働けるチャンスが目の前に。

両親とパートナーを含めて話し合った結果、「Cさんの夢の実現を大切にしよう」

という結論を出し、子育ては1年間、パートナーとご両親が担う選択をしました。ご実家のサポートを受けながら、ママがいなくても安心して育てられる環境を整えたそうです。

帰国後も「子どもがいても、夢をかなえられた」という充実感いっぱいで働くCさん。お子さんは、パパ大好き、じいじ&ばあば大好き、もちろんママ大好きの、人懐っこい性格に育っています。

事例④ 上司に交渉して、不妊治療のための休業第一号に

不妊治療を優先してキャリアを一時中断したことが、その後のキャリアにもプラスに働いたという方もいます。

Dさんは不妊治療と仕事の両立に悩んでいた30代半ばの頃、当時従事していた経理部門の上司に相談して1年間休業する許可をもらいました。当時はまだ不妊治療による休職の前例がなかったのですが、Dさんの「子どもを授かりたい」という強い

想いを尊重し、上司が理解を示してくれたのです。１年間の休職で不妊治療の最善を尽くしたものの子どもを授かることが出来なかったＤさんは、気持ちを切り替えて復職をしました。

「どのようなライフステージでもキャリアを諦めずに活躍できる土壌をつくることが大切である」と気づいたＤさんは、復職後、人事部に異動して、ダイバーシティ＆インクルージョン推進担当として新たなキャリアをスタートさせました。Ｄさんはその後幸いにして子どもを授かり、約１年の育児休業を経て、今では一児の母として、活躍しています。「自分の譲れない想いのために、仕事を一時中断。そして復帰後に活躍する」というモデルケースは、後に続く女性たちにとっても大きな支えになっているはずです。

ほかにも、ワーキングマザーではありませんが、学生時代から続けてきたダンスに打ち込むために、勤務先に交渉して「週３日勤務正社員」に契約を切り替えた女性もいます。まだ兼業副業が話題にもなっていない２０１２年の話です。

〝周りの人の納得感〟も大切に

決まりきったライフキャリアプランではなく、**自分自身で選択して決めたという納得感**。そして、**一時的なブランクの先にある「将来的にはこんな自分になっていたい」というビジョン**があるからこそ、「私はハッピーです！」と心からの笑顔を見せられるのでしょう。

前例がないモデルになることで、後に続く人たちの選択肢も広げていき、それは回り回って、会社がよりいい環境になるための貢献となっていくのです。

ここで重要なのは、**周りの納得感や貢献の意識を忘れないこと**です。この例の方々も全員、ちゃんとパートナーや上司と話し合いながら、周りも納得して進めていきます。また自分のなりたい姿を応援してくれたことに「感謝」をして、最終的に貢献して行っている方ばかりです。このような意識を持つことができれば、自分の意識を貫くことは「ワガママ」ではなくなるのです。

だから、自信を持って、素直に自分の想いや希望を実現していく。「今すぐは無理でも、時間をかけていけばいい」と、視線の先を遠くまで延ばしてみる。
この二つを心がけるだけで、ずいぶんと選択肢は広がると思います。
あなたの「なりたい姿」、少しずつ、見えてきましたか？

column 02

保育園選びのコツ

ワーキングマザーにとって「保育園に入れるか問題」は、とても深刻なテーマ。

特に都市部では、認可保育園の待機児童問題の解消には程遠い状況が続いています。「保育園に落ちたらどうしよう」「育休からいつ復職できるか心配」と、産む前から妊婦さんが不安を抱えるなんて、とてもおかしなこと。保育の受け皿を充実させる政策が待ったなしで求められています。

一方で、「認可保育園以外の選択肢も広げてみる」ことで、子育ての負担を減らせる場合もあります。つまり、「認可外」「無認可」をあえて選ぶ！という道。

〝認可されていない〟というニュアンスからなんとなくネガティブにとらえがちですが、その認可の基準というのは、あくまで国が定めた屋外遊技場の広さや保育時間の規定など。実際には、独自の方針でワーママのニーズも満たしてくれる非常に充実したサービスを提供している園がたくさんあります。

たとえば、オムツの処理や着替えの用意をすべてまかなってくれたり、保育時間内にスイミングなど希望の習い事に連れて行ってくれたり、夜遅くまでの延長にも対応してくれたり。ワーママの「それやってもらえたら助かる！」をかなえてくれると、毎日にゆとりが生まれますよね。

ネックは、「保育料が高い」という点でしたが、それも無償化政策により一定の負担は従来より減ります。それに、「認可園に通わせながら、週末に習い事のスイミングに通わせる」のと「無認可園に通わせて、スイミングのオプションも付ける」を比べると、案外、週末の時間を習い事にとられずにゆっくり過ごせるし、お迎えのシッター代を考えると経済的かもしれません。実際、「オプションが充実しているから、うちはあえて無認可を選びました」という方もいらっしゃいます。

認可外・無認可園に通わせるメリットもあることを知らずに、認可園だけに絞って保活を続けている人は意外に多いようです。まずはフラットな目で、すべての選択肢を眺めてみて、「うちの状況や子育ての価値観に合っている預け先はどこだろう？」とパートナーと話し合ってみるといいですね。

このタイミングで子育てや教育観をパートナーと話し合うことが大切。大事なのは、〝納得感〟です。

第3章

チームで子育てプロジェクトを運営しよう

「子どもの自立」をテーマに、子育てチームのメンバーをつくる

「なりたい自分」が描けたら、〝子育てチーム〟をつくる作戦を立てていきましょう。

繰り返しになりますが、**子育てを一人で抱えるのは「ダメ、絶対!」です。**

日本の戦後の歴史の中で「核家族・共働き・共子育て」という状況に直面しているのは、今の時代が初めてのこと。核家族で二人だけで子育てをするのも大変なのに、ワンオペなんてもってのほか!!

「一人で子育て」は、誰もやったことのない無理難題を背負うということです。親がつらいのはもちろん、子どもにとっても決してプラスにはなりません。

「親のエゴじゃないの?」という心配も捨ててください。子どもは多様な大人のいろ

いろな価値観に触れ、社会性やコミュニケーション力を身につけていきます。

そもそも子どもは、いつかは自立して独り立ちしていかないといけないもの。**「子どもの自立」をテーマに、愛情をしっかりとかけながら、少しずつ手放して、たくさんの大人たちに育ててもらうくらいの気持ちを持つほうが、子どもの豊かな発達につながっていきます。**

スリールの学生インターンを受け入れていたあるご家庭は、お兄ちゃんと妹の二人兄弟。上のお兄ちゃんが小学校3年生になった時点でスリールの受け入れを卒業しました。大学生のお兄さん・お姉さんと一緒に食事の準備やお風呂掃除をしていたため、卒業してからは、「自分たちでやる番だ」と思って、二人でお留守番をしたりご飯の準備をするようになったのです。

親以外の存在とともに家での生活をすることで、子どもたちが無理なく自然に自立していきました。

親にとっても子どもにとっても、**周りを巻き込みながらチームで子育てをすること**

は、ハッピーな結果につながります。長年に渡り大人と子ども、両方の姿を見守り続けてきたからこそ、自信をもってお伝えできます。

では、さっそく、子育てチームをつくる方法を一気にお伝えしていきます。

まず、子育てチームのチームメンバーになるのは誰でしょう。そのメンバー候補を思い浮かべることから始めましょう。

ここで挙げるメンバーには、毎日通う保育園の先生は省きます。

◎子育てチーム メンバー候補

① パートナー（夫）
② 親
③ 義理の親
④ 近くに住む友人や親類
⑤ 子育てサポーター（シッター、ファミサポさん、病児保育サポートなど）
⑥ その他（同じマンションの方、知り合いの学生、職場の同僚）

一般的にはこういった面々が浮かびますが、子育てに関わってくれそうな人であれば、誰でも自由に追加できます。

コツは**「今すでに、頼っているかどうか」という実績にとらわれないこと。**「身内だけで解決」と狭めずに、今後巻き込める可能性をつくれそうな人まで、候補を広げてみましょう。

また、子育てで誰を頼りにするかは、地理的な条件や仕事の状況、関係性によって決まるので、「友人よりまず親を頼るべき」といった正解はありません。むしろ**「気軽に頼める人」や「子どもと関わらせたい人」、「win-win関係の人（お互いにメリットがある人）」が適しています。**

自分なりのメンバー構成ができればよし、と気楽に構えていきましょう。

「この人と一緒に子育てしたら楽しそう！」とパッと浮かぶメンバー候補を書き出してみてください。

メンバー候補をざっと挙げるだけでも、「一人じゃない」と少し気持ちがラクになりませんか?

中でも、やはりメンバーの核となるのは、パートナーです。

今はなかなか子育てに参加できていないパートナーだったとしても、〝レベルアップする〟ことは十分可能。パートナーをチームのコアメンバーとして位置付けましょう。

子育ての長期的な「プロジェクト進行予定」を把握する

子育てチームが思い描けたら、その後はそのチームで取り組む長期的な子育てプロジェクトの進行予定について想定していきましょう。

子育てチームが頻繁に発動するのはどんな時期でしょうか？

おそらくパッと浮かぶのは、ワーママのお悩み事例でよくある「子どもの急な発熱による呼び出し」、そして「インフルエンザなどの病気で登園不可となった数日間」を乗り切る時期ではないでしょうか。

育休から復帰したての頃は、体調も不安定な0～1歳児のお世話に追われ、「私の時間、まったくない……。明日も呼び出されるかも。仕事がまったく進まないわ…」

と絶望的な気持ちになって、目の前の問題を解決することに誰もが必死です。
先のことまで考える余裕などなく、「こんな調子じゃ、産前のような働き方には戻れない」と諦め、心が折れてしまう。だんだんと、責任ある仕事には手を挙げなくなり、存在感を薄めていく。
そんな先輩ワーママの姿を見て、育休中から、むしろ妊娠する前から、「私も急な呼び出しに対応できる自信がないから、今の仕事と子育てを両立するのは無理だよね」と不安を抱える…。そうなるとマイナスの循環がどんどん増幅して行ってしまいます。そんなの本意ではないですよね。

ここでお伝えしたいことは、**体が未熟で大変な時期はずっとは続かない！** ということです。

「この大変さがずっと続くのか…」と愕然とするのではなく、**長く続く子育ての中で「いつ、どのように大変なのか」を先々も含めてざっと理解することがとても大事**です。

職場でも、チームで一つのプロジェクトを進める時に、まず確認するのはプロジェクトの「進行予定」ではないでしょうか。

同じように、子育ても進行予定の全体感を、子育てチームで共有することがとても大切。

「この時期はちょっとバタバタしそう」と事前に知っておけば、心の準備ができますし、必要と判断すれば早めに職場に伝えることもできるでしょう。

もしも職場の誰かに負荷をかけてしまったとしても、事前に伝えていたかそうでないかでは、相手の負担感や自分自身の罪悪感の重みはまったく違ってくるはずです。

153ページの表は、0歳から小学校高学年までの子どもの成長過程と親の状況を大まかにまとめたもの。ザックリでも進行予定が頭に入っているだけで、全体像が見えてきます。もちろん、子どもの体質などによって個人差はありますが、発達の理論や実際に関わってきた経験から、平均的なプロセスを書き起こしています。

それぞれの時期の特徴をまとめると、このような流れになります。

子どもの成長と合わせて、キャリアや家族計画の目処を立てる

＊0～2歳

急な発熱など、体調が不安定になりやすく、親もまだ子育てに慣れていない時期。離乳食準備、オムツはずしなど、お世話にかかる手間も多い。「病児の時にどう乗り切るか」がキャリアの壁に。

＊3～4歳

自我が育ち始め、自己主張も始まる時期。お稽古や転園・受験なども考える時期。また体調は安定してきて、呼び出しが減る。キャリアのギアを入れたり、2人目の出産を検討する人も多い。

＊5～6歳

就学に向けて、身の回りのことを自分で行える習慣づけがテーマに。小学校受験を

子どもの成長と壁

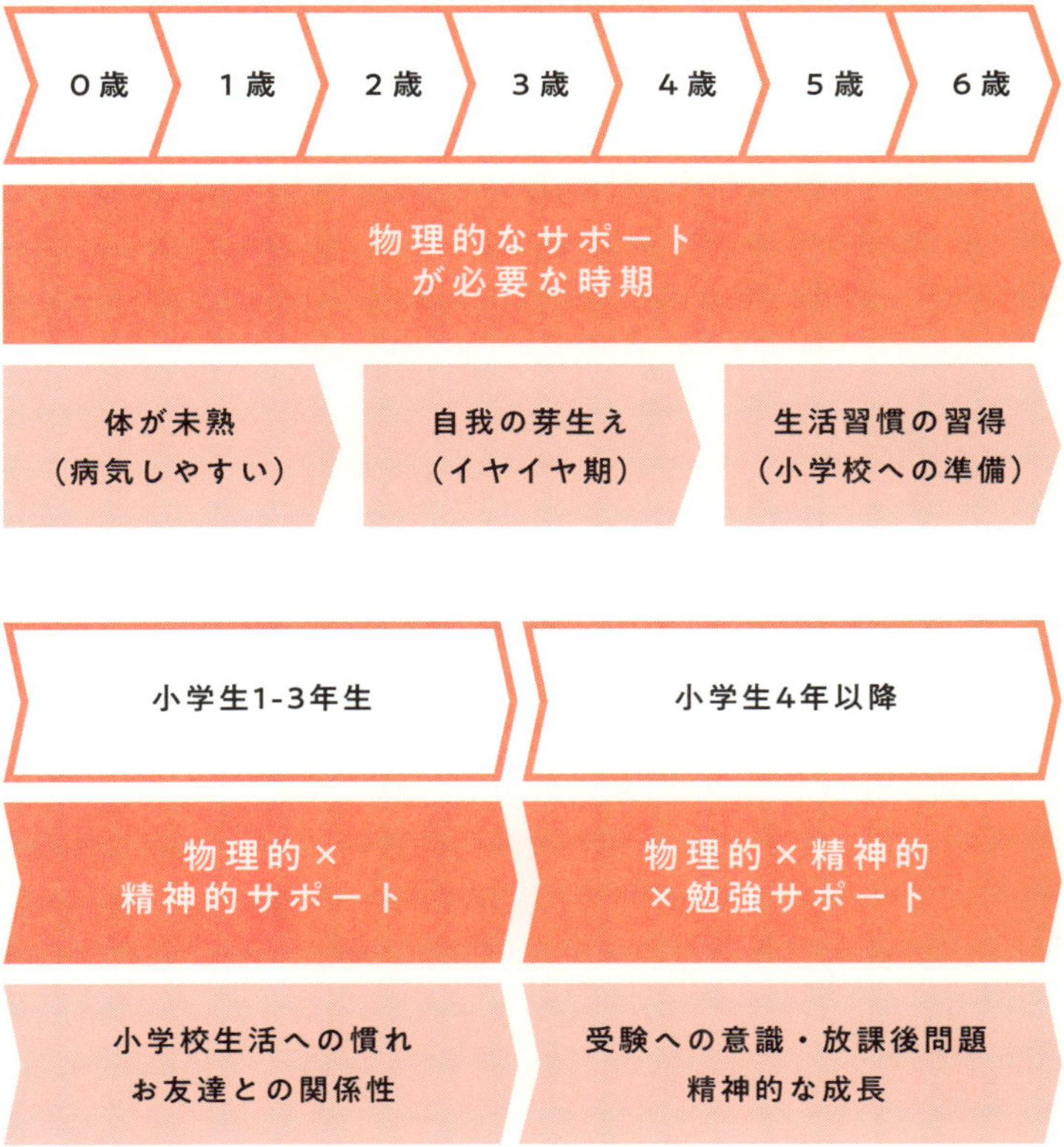

POINT 長く続く子育ての中で「いつが大変な時期なのか」を先々も含めてざっと理解し、チームで共有しよう。

する家庭は特に忙しくなる時期。小学校入学前のタイミングで引っ越しを検討する人も。親も子どもも新しい生活を考える時期。

＊7～8歳

小学校に入学し、学校生活や学童に慣れるまでは子どもも不安定に。宿題や友達づきあいのケア、生活の慣れなどで特に夏までの間の親の負担は急激に増える。学童終了時間の問題や小学校生活の大変さから、「小1の壁」と言われる。

＊9～10歳

行動範囲が広がり、習い事や塾に一人で行くようになる子も。学童に通わなくなる子も多いため、放課後のケアが必要になる時期。また、教科数が増え、勉強への支援が必要になることも。この時期のことは「小4の壁」とも言われます。

＊11～12歳

高学年になると、思春期になり男女ともに体や精神的な成長が著しくなる。中学受験をする家庭では塾通いが始まり、勉強に追いつけない子は家庭でのサポートが必要になることも。親による多様な精神的なケアが求められる場合も多いので、在宅型の働き方に切り替える人も多い。

「発熱呼び出し」はいつまで？

このように先々まで見通してみると、**「発熱呼び出し」はほんの数年の一時的なもの**だとわかります。

大阪府吹田市が公表している乳幼児の病欠日数平均の調査によると、0歳児は26・7日とやはり多いものの、1歳児になると18・8日に減少。2歳児では11・9日にまで減って、3歳児以降は10日前後で安定します。(http://www.city.suita.osaka.jp/home/soshiki/div-jidou/hoiku-yochien/syudan/byoki.html より)

会社の営業日が月20日間として、0歳児の時期には月2～3日程度休んでいたのが、3歳以降は月1日以下になるということ。ただし、乳幼児の病欠には胃腸炎やインフルエンザのように1週間前後の登園不可となる場合も多く含まれるので、万が

一、病気が続くとしたら、月の半分以上は看病しないといけないケースもあり、その場合会社を休まざるを得ないという心構えをしておきましょう。

だからこそ、復帰してすぐに無理して一人で抱え込むのではなく、この事実を上司や職場にも伝えてチームで働くように促していきます（職場への働きかけは第4章にて）。「いろいろと周りに迷惑を掛けちゃう！」と思うかもしれませんが、それも1～2年で落ち着いてくるのだということが、この数字からもわかると思います。そう考えられると、少しホッとできますね。

ということで、「発熱呼び出し」のリスクについては、「これがずっと続いたらどうしよう」と過剰に心配する必要はないのだと、頭に入れておいてください。

一方で、見逃しがちなリスクもあります。それが、いわゆる「小1の壁」と言われる**小学校入学直後にケアが必要な時期や、中学受験や体や心の成長期を迎える小学校高学年の時期に求められる〝親の出番〟**。

実は、働き方を在宅型に切り替える人が多いのは、乳幼児期よりもこれらの時期です。乳幼児期には「親でなければならない」というお世話はそれほどありませんが

「発熱呼び出し」は一時的なもの

年齢別・年間平均病欠日数

0歳児	26.7日
1歳児	18.8日
2歳児	11.9日
3歳児	9.3日
4歳児	10.2日
5歳児	9.1日

平成29年度（参考）吹田市公立保育所保険統計

POINT 一般的には年齢が上がるにつれて、体が丈夫になっていく。過剰に心配しなくても大丈夫。

（ミルクもオムツ替えもベテラン保育士さんは大変お上手です！）、思春期に差しかかる多感な時期には「どうしても親に寄り添ってほしい」と感じるお子さんが少なくありません。

子どもの性格や家庭の環境にもより、実際にどれだけ親を必要とするかは、その時になってみないとわかりません。実際に、ある家庭ではお子さんが小学校に上がるタイミングでお父さんが仕事を在宅に切り替えて、子どもとの関わりに専念された方もいらっしゃいます。

「この時期には子どもにしっかり向き合うことになるかもしれない」と、事前にパートナーと話し合い、意識することで、キャリアのギアの入れどきや、働き方を変える意識もお互いに持つことが必要です。

子育ての安定期は3〜5歳

子どもの体調が安定して、親も子どもがいる生活リズムに慣れてきた「3〜5歳」の時期は、比較的に「子育ての安定期」と言えるかと思います。

この頃に、より子育てしやすい環境を求めて、あるいは就学を見越しての引っ越しを検討したり、キャリアにギアを入れたり、2人目の出産を計画する人も多いようです。

気持ちにゆとりが生まれることで、仕事でチャレンジしやすくなります。

第2章で「なりたい自分」を描く際に「3年後」と設定したのも、子どもが3〜5歳になる時期に重なるためです。

あくまでも目安でしかないですが、産後の働き方をイメージする上で、「マネジャー試験を受けたい」「新しいプロジェクトを企画したい」といったチャレンジを計画するなら、この時期に合わせていくと実現可能性は高まるはず。

パートナーにも早めに希望を伝えておくことをおすすめします。

夫婦で目標を共有するキャリア＆サポートマップ

日々の子育てに追われていると、自分の成長のために使える時間をなかなか確保できませんよね。

特に共働きの場合は、夫婦それぞれのキャリアと子育てのバランスを、いかにとっていくかは永遠の課題。「うまく話し合いができなくて、子どもが産まれてからケンカが増えてしまいました」と落ち込むカップルもたくさん見てきました。

そんな時に、ぜひ活用していただきたいのが、左ページの「キャリア＆サポートマップ」です。

キャリア＆サポートマップ

		現在 2019 年	1年後 2020 年	2年後 2021 年	3年後 2022 年
自分のキャリアプラン		・出産 ・育休中	・復帰 （子育てサポートを調整しながら、17時に帰るが以前と同じ部署で働く）	・昨年と同じ働き方 （3年目に向けて、上司とも相談をしておく）	・リーダーとして後輩を育てる ・妊娠
パートナーのキャリアプラン		・営業職	・営業職 （妻復帰に伴い、働き方を上司と相談。会社の飲み会は控える）	・営業職 （週1日は在宅勤務）	・営業職 （週1日は在宅勤務） ・大学院
自分の年齢		31 歳	32 歳	33 歳	34 歳
パートナーの年齢		31 歳	32 歳	33 歳	34 歳
子の年齢	第1子	0 歳	1 歳	2 歳	3 歳
	第2子	歳	歳	歳	歳
	第3子	歳	歳	歳	歳
子育て	発達	体が未発達 （病気をしやすい）		自我の芽生え （イヤイヤ/自分で期、子どもの環境見直し）	
	保育 （預かり）	保育園検討・申請 病児保育 施設登録	保育園：延長保育 病児保育	保育園：延長保育 病児保育	保育園：延長保育
	教育				習い事
サポート環境	パートナー	・朝の送り迎え ・日々の家事分担 ・病児の際のフォロー体制をつくる ・月1回は話す時間をつくる（日々の分担・2人目についてなど）			
	両親 /親戚 /近所	・両親：病児の際のフォロー体制をつくる ・定期的に子どもを見てくれそうな人がいない相談			
	サービス	ファミリーサポート/ シッター登録 病児保育サービス登録 家事代行サービス登録	ファミリーサポート/ シッター登録のみ 病児保育サービス 随時利用 家事代行サービス 週1利用	ファミリーサポート/ シッター 月3回利用してみる 病児保育サービス 随時利用 家事代行サービス 週1利用	ファミリーサポート/ シッター 週1回利用してみる 病児保育サービス 登録のみ 家事代行サービス 週1利用

POINT 自分の方向性を見える化して、準備しましょう
夫婦の話し合いの土台に。

記入するシートはありませんが、記入例を参考に作成してください。まずは夫婦それぞれの現在の年齢と子どもの年齢を書き入れて、今後1年ごとに年齢を1歳ずつ加えます。

まず、上部の自分のキャリアプランを記入します。「出産・復帰」を記入した後は、仕事の上で実行したいこと、「時短→フルタイム」や「プロジェクトのリーダーになる」などを記入してみてください。

キャリアプランが埋まったら、次は子育てについてです。先ほどの「子どもの成長と壁」にあった内容を「子育て・発達」の部分に記載しています。その内容と自分のキャリアプランに照らし合わせて、「保育（預かり）」、「教育」、パートナーやその他の子育てサポートメンバー、外部サポートがどんなものがあるとよいか考えて記入してみましょう。最初にピックアップした「子育てチームのメンバー候補」を思い出しんながら記入してみてください。

すべて書くのは少し難しかったかもしれません。仕事・子育て・サポートがどのようにつながっているのかを長期的に考える練習だと思ってください。

夫婦の話し合いの土台に

このマップは、夫婦の話し合いを進める〝土台〟になってくれます。

前述したように、女性の場合は多くの場合、「3方向同時思考」×「先読み」をしてしまいます。逆に男性の場合は、「キャリアの1方向」と「今」だけを見がちです。そのため、土台がないままに話を進めると、まったく噛み合わないということがよくあります。コミュニケーションにおいて、お互いに「共通のイメージ」を持つことがとても重要です。もしより前向きに話し合いたい場合は、このマップに合わせて、第2章で描いた「ビジョンワーク」も共有するのもいいでしょう。私も夫と思考回路が逆なので、話し合いの上で「ビジョンワーク」と「キャリア&サポートマップ」がとても役に立ちました。

パートナーと話し合おうとしても、言葉のやりとりだけではなかなか前に進められないという人にはとてもおすすめです。

夫婦で一緒に眺めながら書き込んでいくことで、具体的な話し合いができ、行動に結びつきやすくなります。

夫「3歳になる頃は、俺も37歳か。ちょうど昇進できるかどうかという時期だから、海外研修にもトライしようかな」
妻「私も新規事業に手を挙げるならこの時期かなって思っていたんだよね。じゃあ、2年後には外部サポートも必要になるね。今のうちからシッターさんにもお願いして、少しずつ慣れてもらおうか」
夫「うん。親にも『お願いすることになるかも』って言っておいたほうがいいな」

というふうに、〝チームが動き出す〟感覚をつかめるはずです。
また、妻のキャリア継続を応援することが、夫側の夢・目標の応援と直結するのだという共通理解を得られるきっかけにもなります。

夫「小学校入学の直後って、結構早く帰ってこないといけないんだろう？　俺は多分無理だから…、そっちは時短を使えるんだっけ？」

妻「うーん、でも、うまくいけばマネジャーになっている頃だから、がんばりたいんだよね。その頃には在宅勤務の制度が整っていればいいけれど。私の収入は下げないほうがいいと思う。だって、『大学院に行きたい』って言ってなかった？」

夫「そうだね。うちの会社に使える制度がないか、人事にも聞いてみる」

こういった会話を夫婦で何度か重ねていけると、**〝子育ての当事者意識〟は夫婦ともに芽生えていきます**。

「夫は全然、子育てに参加してくれない」と絶望しかけていた人も、ぜひこのマップ記入にトライしてみてください。またこのマップは、上司との話し合いにも有効で復職面談で利用している会社もあります。

夫を最強の子育てパートナーに育てるには

さて、ここで子育てチームのコアメンバー、パートナー（夫）の意識改革についてもポイントをお伝えしていきます。

①上手に褒める

よく言われることですが、やはり「褒める」ことが重要。妊娠や出産を体で経験しない男性は女性と比べて、子育てに苦手意識を持ちがち。女性以上におそるおそるチャレンジしているのだと理解して、**「できたら褒める」を繰り返しましょう。**

ただし、褒め方を間違うと、かえって子育てから離れてしまう場合も。いかにも

「すごいね！　さすがパパ！」と褒めると、「むむ、任せようとしているな」と察して、やる気が落ちてしまいます。

私がおすすめするのは、**〝子どもの反応・変化〟を伝える**こと。たとえば、パートナーが離乳食をあげている時に子どもが上手に食べられたら、「いつもよりたくさん食べられているかも」とフィードバック。その離乳食をパートナーがつくっていたとしたら、「いつもの味付けより好きだったのかな？」とつぶやいてみても。パートナーではなく、子どもに向かって「パパと食べて、うれしいね」と声をかけてみるのも効果的だと思います。

第１章の「イクメンはこんなに得をする」でもご紹介したように、子どもと関わるメリットを伝えるのも有効です。**自分が関わることで子どもや自分にいい反応があるんだ！　そう思えると、俄然張り切る男性は多いよう**です。

②目線を合わせる

先ほどの「キャリア＆サポートマップ」の説明でもお伝えしたように、夫婦で協力する子育てにおいて、何よりも大切なのがこれ。目線合わせです。どんな子どもに育てたいか。そのためにどんな体験や環境を与えていきたいか。親としてどんな関わりをしていきたいか。

目標やビジョン達成のために、チームメンバーが同じ方向を向くことが不可欠であることは、仕事でも同じですよね。

話し合いが大切とわかっていても、そのための時間がなかなかつくれないというのが共働きのジレンマです。しかし、話し合いを後回しにする間にも、子どもはどんどん育っていきます。私は「預けてでも、夫婦で話す時間を」とお伝えしています。

仕事で家を空けるわけでもないのに、子どもを預けるなんていいの？なんて後ろめたさを感じる必要はありません。

子育てから手を離して、落ち着いて大人同士で話す時間はとても大切。その時間で得られるコミュニケーションは、子どもにとって絶対にプラスに働きます。預ける以外にも、昼休みや朝の通勤時間を一緒に過ごして話し合いの時間をうまくつくっている方もいます。それぞれのやり方で時間をつくってみてください。

③3Kで焦らず待つ

人が変わるのには時間がかかります。でも、時間はかかっても、諦めなければ、確実に変わります。

今でこそ、「イクメン天国」のように称される北欧諸国。かつては少子高齢化が進んでいましたが、女性のキャリア推進に政府が舵を切って男性の子育て参加を促進。しかしそれまでは、男性の育児参加はほとんどなかったと言われています。この例は、環境設定や役割が変われば人はいくらでも変われる、という証拠です。

心しておきたいのは、**「覚悟・交渉・感謝」**の3Kです。

「夫婦二人で一緒に子育てをするのだ。そのためにこの夫のアップデートをサポートするのだ」という覚悟を持って、諦めずにコミュニケーションを重ね、できたらきちんと**「ありがとう」**を伝える。**「やって当たり前でしょ」**と思っても、ぐっとこらえて、まずは感謝をして前向きに行動するように促していきましょう。

子育てと同じかもしれませんが、「夫育ても気長に」を胸に留めておきましょう。

外部サポートの事前登録は「お守り」になる

育休中にぜひやっておいてください、とセミナーでいつもお伝えしている to do が**ファミリーサポート（ファミサポ）や病児保育、シッターサービスなどの外部サポートの〝事前登録〟**です。

子育ての緊急時に頼みの綱になるサービスには、事前登録が必要な場合が多く、これを忘れていると、いざという時に「え！　今日使いたいのに、使えない！」と涙することに。

事前登録をするのは必須として、できれば育休中に**〝事前利用〟も経験しておくのが理想的**。ファミサポさんに来てもらって、美容室に行ってみるなど、実際に利用してみると、手続きの流れもひと通りわかります。

何より、実際に子どもを託す時間を体験することで、「預けてしまって本当に大丈夫かな?」という不安の解消につながります。ファミサポさんやシッターさんと対面するだけでも、「こういう方が実際にお世話してくれるのね」とイメージできて、いざ本番という時にも安心できます。

ただ、1回預けてお子さんが泣いてしまっても諦めないでください。お子さんもまだ人と関わることに慣れていないだけ。そこで諦めずに、何度もお願いすることで「安心できる大人」になってもらえばいいのです。このタイミングで、多くの大人に関わっているお子さんは、保育園入園時の「慣らし保育」もスムーズに進めることができます。何にでも「慣れ」が必要であることを忘れずに。

夫婦の間でなんとかするつもりでも、二人ともどうしても在宅できない場合の救済手段を確保する。登録に多少費用がかかったとしても、子育ての〝お守り〟だと思って備えていることで、復帰した後の安心感につながります。

病児3日間のシミュレーションを

頼れる外部サポーターを確保できたら、「もしも3日間、保育園に登園できずに看病が必要になったらどうする？」とシミュレーションしてみましょう。

夫婦のどちらかで仕事の調整。できなかったら…

←

病児保育室に申し込み（事前登録はＯＫ？）。空きがなかったら…

←

千葉に住んでいる両親にＳＯＳ。無理だと言われたら…

←

病児保育シッターに依頼（事前登録はＯＫ？）。確保できたら、翌日の予定も調整。

というふうに、仕事の業務フローのように順番に連絡する段取りを決めておきます。これも、事前に夫婦で話し合っておけば、いざという時落ち着いて行動できます。

緊急時にもなんとか対応できそうな子育てチーム体制が整えられたら、そのことを職場に伝えてみてもいいでしょう。「子育て中だから、この仕事は無理だろうな」と仕事の采配を遠慮していた上司も安心するかもしれません。逆に事前に状況がわかれば、子育てサポートが難しい場合に、仕事のほうのサポートもスムーズに対応できます。

子育てサポートと職場のサポートをダブルに考えておくことが重要です。

家事サポートも使ってみる

最近は、スマホで簡単に予約ができる家事代行サービスも増えてきました。子どもがいない共働き家庭や、独身の方の利用も珍しくないようです。

仕事と子育てに加えて、家事も完璧にこなすのは無理な話。適度に力を抜くために、**家事をアウトソーシングすることも、今の時代の子育ての〝新常識〟**ととらえてみませんか。

「私は料理は好きだから自分で。でも、掃除は苦手だから水回りだけでもお願いしよう」

「週末に家を掃除するのは気分転換にもなるし、苦じゃない。料理のつくり置きをお願いして、平日の食事づくりの負担を減らしたい」
こんなふうに、自分の得意・不得意に応じて、効率よく外部サポートにお願いできるといいですね。

家事代行サービス以外にも、食材宅配や半調理ミールキットを利用したり、ロボット掃除機や食器洗い機などの家電を積極的に導入したり、家事の負担を減らすための選択肢はここ数年でかなり充実してきています。

子育て中はとにかくやることがたくさん！　24時間ではあふれてしまうくらいなので、積極的に効率化していくことが大切です。それは決して**〝手抜き〟ではなく、時間を大切に使うための方法**だととらえてください。

住まいを〝子育て仕様〟にリデザインする

職場で必要な資料の保管場所をメンバーの一人しか知らないとしたら？

「あの資料どこ？」「田中さんしか知りません！」「彼女、今日は終日外出でしょ。あの資料、急ぎで必要なのに！」「あー、電話もつながりません！」

業務は滞って、みんな困ってしまいますよね。

同じようなことは、家庭の子育てでもよく起こっています。

たとえば、母子手帳や診察券セット。保育園に毎日持っていくノートの置き場所。オフシーズンの子ども服。あるいは、離乳食をつくるための冷凍食材や調味料。

こういった子育てに必要なアイテムの場所を、「ママしか知らない」とどうなるか。

パパがせっかく子育てに取り組もうとしても、「あれもわからない、これもわからない」と次々と不便の壁にぶつかって、ストレスは溜まるばかりでしょう。せっかく任せたつもりなのに、たくさん連絡が来る。そうするとママも気持ちが休まらないし、パパも自分でやった気にならず、お互いに「もうやりたくない…」となってしまいがちです。

こういう事態を防ぐためにも、育休中にぜひやっておきたいto doの2つ目が、**「住まいのリデザイン」**です。

子育てに関わるモノの収納を、ママだけでなく、パパ、そしておじいちゃん、おばあちゃん、シッターさんなど家族以外の人でもわかりやすい方法で整えていくと、「チーム子育て」がぐんとやりやすくなるのです。

子ども服をしまう引き出しにも「シャツ、トレーナー」「下着、靴下」「保育園用上着、タオル」など、パッと見てすぐにわかるようにラベルシールを貼っておくなど工夫を。

子どもが自分で着替えたりお片づけが少しずつできるようになってきたら、子どもの手が届く高さに「オモチャ入れボックス」を置いておく。そうすると、子どもが遊びの延長で片付けもできるようになっていきます。子どももチームの一員として生活力を育てる住環境も意識していきましょう。

〝ママが家事を独占しない〟という意識で、室内のレイアウトや収納を考えることをおすすめします。

初回で泣いてもあきらめないで

子育てチームづくりを途中であきらめてしまう人の多くは、**「子どもの涙に負けてしまった」**と言います。

ファミサポさんやシッターさんに子どもを預けて家を出る時に、「ママがいいー！」と泣かれてしまったから、と。

わが子につらい思いをさせたくないという気持ちはわかります。「そこまでして預けなくても」という、もう一人の自分のささやきが聞こえてくるのだということも想像できます。

でも、考えてみれば、子どもが泣いてママを求めるのは当然です。

産まれてから長い時間を過ごし、おっぱいをくれたり、オムツを替えてくれたりしたママは、子どもにとって「どんな願いもかなえてくれる〝おくすり〟」のような存在。初めて会う人とは比べものにならないくらい、安心感を与えてくれる存在です。

そんな〝万能薬〟に比べると、初めて会うファミサポさんやシッターさんに対して不安をいだくのは当然。**泣くのは当たり前の反応**だと受け止めてください。

スリールの学生インターンも、最初お子さんと対面した瞬間は不安そうな顔をされることも多いのですが、親と離れて10分もすると、夢中になって遊んでいます。

大学生のお兄さんとお姉さんと一緒にクッキーづくりを楽しんでいたお子さんが、何年経っても料理が好きなのだと、喜んで話してくださる受け入れ家庭の方もいらっしゃいます。**多くの人に関わることで、子どもに多様な経験と価値観を与えることができる**のです。

「ママじゃなきゃ」といちばん思い込んでいるのは、実はママ自身かもしれません。

繰り返しますが、**子育てはたくさんの人が関わるほど、親も子どももハッピーに、**

豊かな時間を過ごせます。

子育てチームの形には決まりはなく、自分にとって信頼できる人を巻き込んでいけばよし。子育てに関わる手の数を「家族＋α」へと拡大していき、自分一人で抱え込まないでください。

最後の砦を守るゴールキーパーは母親一人ではなく、たくさんいる。そんなチームづくりを目指していきましょう。

column 03

年齢別伝え方のコツ

はじめての子育てに、不安や迷いはつきもの。子どもを褒めたり、叱ったりするときに、「こんな言い方でいいのかな?」と戸惑うことは誰だってあると思います。

もちろん、子育てに正解はありませんが、基本知識として子どもの発達に応じたコミュニケーションのコツは知っておくと参考になります（パートナーと共有することが大事!）。ここでは〝伝え方〟について簡単に説明しましょう。

よい・悪いの判断は、1~3歳くらいまでは〝他律的判断〟に基づくと言われています。「ママが喜ぶからやる」「パパが怒るからやっちゃダメ」と、身近な大人の反応で行動を決めていくのです。この時期には、「道にゴミを捨てると、パパは悲しいよ」と伝えたり、シンプルに「ちゃんとゴミ箱に捨てられたら、ママ嬉しいんだけどなぁ」と促す伝え方が有効です。

4～5歳になると〝自律的判断〟ができるようになってきます。親の反応から善し悪しを考えるのではなく、「なぜダメなのか」を考えて行動を決められる発達段階へ。「道にゴミを捨てると、街が汚れて皆が困るからダメなんだよ」と、理由づけをする伝え方へと変えてみてください。

さらに6歳以降になると、「ダメな理由はわかる。でも、できない」というステージへ。親のほうも「わかっているのに、なんでやらないの！」とイライラがたまりやすい時期です。

でも、考えてみれば大人だって「化粧を落とさないといけないとわかっているのに、寝ちゃう」とか「今日やらなきゃいけないタスクなのに、明日に持ち越しちゃう」なんて、よくありますよね？

だから、ここは〝失敗の先輩〟として共感の姿勢で寄り添い、体験を伝えること、一緒に考えることを意識しましょう。

「わかっているのにできないんだよね。ママもね、◯◯ちゃんくらいの年齢の頃、上手にできなかったの。じゃあどうやったらうまくできるか考えてみようか」

子どもの発達によって伝え方のアプローチを変えていく。このステップを知っておくだけでも、少し気持ちにゆとりが生まれませんか？

第4章

職場でも
チームを育てる

ワーママの働き方は〝最先端〟

パートナーや周りの信頼できる人を上手に巻き込みながら、〝チーム〟で子育てをしよう、というお話をしてきました。

この〝チーム〟という感覚は、職場でもぜひ発揮していただきたいと思います。

「子育て」は仕事に支障をきたすもの、仕事の生産性を下げるもの、というイメージを持つ人が、世の中のマジョリティーかもしれません。

私はまったく逆！ と常々考えています。「子育てをきっかけに、生活者感覚や消費者視点を持てるようになって、企画力がアップする」といった個人のスキルアップにつながるということは、すでに第2章でお話ししました。

それだけではありません。

「子育て」は、職場で所属しているチームの生産性向上に貢献、そして、会社全体の成長にも寄与する素晴らしい体験です。

子育てが職場のチーム力や生産性に貢献する理由は3つあります。

①ワーママは働き方改革を促進する

「ワーママ＝早く帰る人」というイメージがすでに世の中に定着していますが、「早く帰りたい」のは、ワーママ以外の社員も同じはずです（たまに「帰ってもやることがない」「自宅に居場所がない」という悩みも抱える人もいるようですが…）。

「子育て」という理由はオープンにしやすいので事情が周知されやすいですが、介護や病気の治療、看病など、周りに言いづらい事情を密かに抱えている人もいます。高齢化が加速するこれからの時代には、ますます「制約社員＝働く時間に制約のある社員」が増加すると言われています。

独身の若い社員の中にも、「効率的に仕事をして、スキルアップのための勉強をしたい」「趣味の時間をもっと充実させたい」「複業に興味がある」など、いろいろな希望を抱えている人がいます。

つまり、**ワーママにとって働きやすい会社は、誰にとっても働きやすい会社**。子育てのために柔軟な働き方を希望することは、決して〝ワーママのワガママ〟ではなく、皆のためにもなるイノベーションなのです。

子育て支援のために導入した「時間単位で取得できる有給休暇制度」を最も利用したのは、実は介護中の社員だったという企業も。「リモートワークは全社員に好評なので、営業部隊ですべての業務が完遂できるかトライアル中です」という企業もあります。

毎晩遅くまで身を捧げる働き方が日本の経済と個人の収入を支えた時代はとうに過ぎ去り、日本社会全体にとって「脱・長時間労働」は命題になっています。

しかし、それをどう達成したらいいかは、多くの経営者、管理職にとって悩みのタネ。「そのお悩みを解決する糸口を提供できるかもしれない」。それくらいの気持ちで、堂々と、自分自身の働きやすさにこだわってみてください。

②ワーママは業務改善を提案できる

子育てが始まると、とにかく時間に追われます。保育園のお迎えに間に合うように、無駄がないように仕事の段取りを調整し、移動時間が最短となるように予定を組み、ミーティングは本当に必要なものだけに厳選する、などなど。

子育てという強制力によって、「産前よりも濃密に集中して働けるようになった」という実感の声は本当によく聞きます。

この仕事効率化の工夫を、自分だけのものにしておくのはもったいないと思いませんか？

たとえば、「仕事の段取りが苦手なんです」と言う若手の後輩社員や、「子育てと仕事を両立できると思えない」と不安に感じている若手社員に、ノウハウを共有したら、きっととても喜ばれます。

「定例会議は17時スタートではなく、13時スタートにしませんか？ 開始を早めるだけで、会議で決まったタスクを定時までに取り組むことができます。記憶が鮮明なうちに集中できて、アウトプットの質も上がるのではないでしょうか」

そんな提案をワーママ社員からどんどん発していきましょう。

③ワーママは助け合いの文化を育てる

とはいえ、子育てには〝緊急事態〟はつきもの。急な早退や欠勤はどうしても発生してしまいますよね。

「仕事に穴を空ける」ことに対しては、後ろめたさしか感じないという人がほとんどかもしれません。もちろん、不在を補ってくれる同僚には、その度に感謝を伝えることは大切です。

でも、ここでもあえて〝逆転の発想〟をしてみてほしいのです。

突発的な欠員に対応するには、属人的な業務分担を見直したり、一つのプロジェクトを複数人で担当したりと、「ワークシェアリング」の促進が欠かせなくなります。もちろん、定着するまでにはいろいろなハレーションが起きるものですが、**ワークシェアリングがしっかりと根付いたチームは「誰かが欠けた時にすぐに助け合える」という強みを獲得**し、格段にパフォーマンスが高くなります。スリールでも、基本的に1つの案件を3人のチームで行うようにしています。そうすることで、誰かが欠けた時にも安心ですし、意思決定もチームで行うために多様な意見を検討した上で決定できるので質の高いものになっています。

現在では、「子育て」がワークシェアリング促進のきっかけになりやすいというだけ。あと10年もすれば、その役割は「介護」や「がん復職」などに変わる可能性だってあるのです。オランダでは、20年以上前からワークシェアリングを行っており、多様な人種や環境の人たちが効率的に仕事をしています。

ワーママが現在後ろめたさや罪悪感を抱いてしまうのは、従来の働き方から脱皮する〝最先端の働き方〟を象徴する存在だから。

「私の働き方が、この会社の10年後の働き方のモデルになるかもしれない」と思えば、上司や同僚への要望や相談を伝える時の言葉の選び方も、少し変わるのではないでしょうか。

急な早退・欠勤は、職場にとってマイナスではなく、チームワークをもっと強くしたり、助け合い文化を育てたりする効果も望める。そんな視点を持っていただきたいのです。

主語を「私」から「チーム」へ

ワーママは働き方改革の最先端モデルです！と、しつこいくらいのエールを送ってきましたが、ここでちょっとクールダウン。

同僚や会社に貢献するには、**ワーママ側にも「チームを主語にして考えるクセ」を身につけることが大切**だと思います。日々の子育てに追われていると、どうしても「子どもと自分の1日を回すことで精いっぱい！」と視野が狭くなりがちです。そういう意識のままだと「私が大変なのでサポートしてください」と私主語でついつい話してしまいがちになります。そういう伝え方をされると、周りの人は「この人ワガママだな」と思ってしまうこともあるかもしれません。

「自分の行動や判断を、チームにとってどうプラスにできるか」「チームのパフォーマンスを落とさずに、病児対応を乗り切るにはどうしたらいいか」と考えるクセづけを努めて意識してみてください。

たとえば、「大事なクライアントのプロジェクトリーダーを任されたが、プレゼン予定の1カ月後はインフルエンザ流行が予想されるので心配」という状況で、あなたはどんな準備をしますか？

「チームがパフォーマンスを維持するために」という視点で、考えてみてください。

最悪シミュレーションを考えて提案する

ここで重要なのは、**「最悪の事態」を想定してシミュレーションし、その対応策をチームともあらかじめ共有しておくこと**です。

プレゼン当日、あるいは大事な準備期間に欠勤となってしまうことになっても、滞りなく業務を進めるにはどうしたらいいか。

プレゼンの準備は自分一人で抱え込むのではなく、チーム3人体制で進捗状況を共有しておく。万が一、欠勤の可能性が出てきたら、予測できた時点で早めに連絡する。パートナーの協力その他の解決法によって欠勤を回避できる可能性もあるが、プレゼンの場に立てない時のために、代替メンバーを決めておく。ただし、本番後のクライアントへのフォローは自分が責任を持って完了する。

そういった予防策を、当事者であるワーママ側から積極的に提案することができれば、一緒に仕事をする同僚の皆さんも安心するはずです。

また、上司の方も、この「チームで仕事をする」「最悪シミュレーションを考える」のクセづけをして、ワーママ任せにすることなく、部署全体を働きやすい環境にしていっていただければと思います。

このようにチーム全体の成果を考えるクセは、まさに経営視線であり、仕事をする上での視座が一段上がる成長そのもの。いちメンバーとして「自分の業務さえすればいい」という意識から、マネジャーの意識へと、いつのまにか変わっていきます。

ワーママが日々向き合う問題は、チームマネジメントの能力を養う題材でもあるのだと、プラスにとらえてみてください。

職場の味方を増やそう
～上司編

ワーママがイキイキと働くには、職場の仲間づくりが必須です。

中でも、日々の働き方から先々のキャリアプランまで、大きく影響するのが「上司とのコミュニケーション」だと思います。


しかし、残念なことによく聞かれるのは、「うちの上司は何もしてくれない」『困ったことがあったら言ってね』と気遣いしているフリばかり」という不満です。

一方で、上司側の意見を聞くと、「力になってあげたいのは山々だが、何をすればいいのか正直わからない」という声が。上司なりの「気遣い」と、ワーママ社員の「不安」が、悲しいすれ違いになる現場が多くあります。

よくあるモヤモヤ面談

そのすれ違いの発端になりやすいのは、育休から復帰して初めて上司と1対1で話す「復職後面談」の場です。

たとえば、こんなやりとりがお互いに誤解を招いてしまうことは多いようです。

上司「復帰おめでとう。子どもがいるから、これまでと同じようには働けないよな（↑上司なりの気遣い）」

ワーママ「（グサッ）…そうですね。産前と同じようには働けないですね（↑仕事を全うできない不安）」

上司「何時に帰らないといけないの？（↑気遣い）」

ワーママ「保育園のお迎えが18時半までなので、17時半には出ないといけないんです（↑不安）」

上司「そうかー。出張も無理だよね？（↑気遣い）」

ワーママ「なんともいえないですけれど、多分、難しい気がします（↑不安）」

上司「だよなぁ。何か心配事はない？（↑気遣い）」

ワーママ「そうですね。やっぱり、保育園から呼び出しがあって急に帰らないといけなくなった時に、ちゃんと仕事を回せるかどうかとか…。皆さんに迷惑だけはかけたくないとは思っています。でも、正直、まだ子どもも小さいから確定できないことばかりで…（↑不安）」

上司「わかった。じゃ、君が開拓した得意先をまた任せたいと思っていたんだけど、しばらくは担当を変えたままのほうがよさそうだね。とにかく無理しないで。また何か困ったことがあったら言ってくれよな（↑気遣い）」

ワーママ「…はい、すみません（モヤモヤ）」

一見すると、上司はやさしく気を回しているようですし、実際、上司は気を遣っているのだと思います。

でも、ワーママ当人は、「できない社員の烙印を押されちゃった…」とモヤモヤを抱えています。

心配事を吐露したものの、その解決には至らず、任される仕事の範囲も限定され、

「自分は何も貢献できないのではないか」という負の思考サイクルに陥ってしまいます。

これでは、ここから先に上司をうまく巻き込むことは難しくなり、上司側も「彼女には仕事をできるだけ回さないようにするしかないのかな」という発想に傾いてしまうでしょう。

企業向けの研修では、この場面を上司と、ワーママ社員の役割を入れ替えてロープレを行っています。そうすると、自分の状況がわかっているワーママ社員が上司役になったとしても、このようなすれ違いを巻き起こしてしまうことを体感するのです。

原因は「自己開示」をせずに、お互いに忖度し合って「不安」や「懸念点」だけにフォーカスしてしまうからです。

ワーママ社員は、自分の状況を開示し、本当はどうしたいのか希望を伝えていく。上司も配慮をするだけではなく「どのように期待しているのか」を話して、部下の状況を聞いてみる。「自己開示力」と「ヒアリング力」が必要になります。

「面談準備シート」でなりたい自分を伝える

ここで思い出していただきたいのは、第2章で描いた「ビジョンワーク」です。3年後にどんな自分になっていたいか。どんな立場として、どんな仕事にチャレンジしていきたいのかを、明確にイメージした絵を思い出してみてください。

上司との面談では、この「なりたい自分」をハッキリと伝えることが、とても重要です。とはいえ、考えていても、いざとなるとどう伝えればいいか不安ですよね。安心してください。そのためのシートも準備してあります。第2章で切り取ったシートの「ワーク④面談準備シート」を使って、面談で慌てず上手に「なりたい自分」を伝えていきましょう。

ポイントは、**成長意欲や目標を示した上で、「覚悟→懸念点→交渉」の順番で伝えること**。そして、**「こんな協力をしていただきたい」とできるだけ具体的な内容で、上司にアクションを求めること**。

面談準備シート（記入例）

【A】３年後の理想のキャリアの状態（なりたい自分）

自分の得意な領域が明確になり、後輩の育成をしている。

【B】現在の壁・懸念点

日々の仕事でイッパイイッパイで、先のキャリアに向けて何かをする余裕がない。子どもの体調が安定しない点が不安。

【C】懸念点に対して、意識的にやっていきたいこと

日々の仕事の業務改善や、振り返りを意識的に行う。
病児の際のパートナーとの調整。

【D】自分では、どうにもならなそうなこと

子どもの体調。病児保育も検討したいが、まだ小さいので、利用は来年以降にしたい。パートナーの仕事も毎日見えない状況。

【E】上司や職場でどんな協力・理解があれば、前向きに進めそうか

子どもの体調への理解。
また、自分が休んでも回るような体制作りを考えたい。

【F】面談で達成したいこと

仕事へのモチベーションがあることを理解してもらいながら、現状の状況でできる業務調整や、やり方を上司と一緒に考えたい。子どもが落ち着いたら、チャレンジしたいことも伝えたい。

先ほど述べたように、上司だって部下の力になりたいのです。ただ、何をしたらいいのかわからないのです。

「これさえやってくださったら、私は力を発揮できます！」と言われたら、上司も賛同しやすいはずです。

会社全体の制度変更が必要になるような無茶な要望は通らない可能性大ですが、「会議の時間を早めてくだされば」「チームを三人体制に変えてもらえたら」といったレベルの交渉であれば、上司の裁量ですぐに実行できることもあるはず。

そして、**希望が通ったときには、「ありがとうございました！　おかげさまで本当に助かっています」と伝えることを忘れずに**。「感謝」ですね。

部下が自分のアクション一つで喜んだことに、上司も「ワーママ部下を応援できる」という自信をつけることができ、部下のライフ＆キャリアを応援できる理解ある上司＝イクボスへと近づくのです。

さらに、面談で自分の希望を伝えることに慣れていない人も多いと思いますので、次ページのように、面談で伝える言葉にそのまま落とし込む練習をしておきましょう。

面談で伝える言葉に落とし込む

- 自分が考えている3年後の理想のキャリアの状態は、
____A____です。

- ただ____B____という懸念があります。

- そのために、自分で具体的にできることは____C____
です。

- その上で、____D____という点は難しいと考えています。
仕事を頑張っていきたいので、____E____のことを一緒に
考えていただけないでしょうか。

POINT ・成長意欲や目標を示した上で、懸念点を伝える。「こんな協力をしていただきたい」とできるだけ具体的な内容で、上司にアクションを求めること。
・「アクションシート」の【F】で書いた「面談で達成したいこと」を意識する。

覚悟・懸念・交渉・感謝の3＋1K

お気づきでしょうか？　パートナーとのコミュニケーションとしてお伝えした「覚悟・交渉・感謝の3K」が、ここでも登場してきました。

上司編では、さらに、「懸念」が加わって「4K」になっています。上司はパートナーよりさらにあなたの育児状況がどうなのか、何が不安なのかわかりません。立ち入った質問をするのも躊躇しています。自分の中でしっかり整理した上で、感情ではなく事実ベースの「懸念」を伝えることが大切になってきます。

この**4Kのサイクルを回し続けることが、上司との信頼関係を高める上で重要なのだ**と覚えておいてくださいね。

ワーママの知見を自分から提供する

また、「ワーママ社員の知見は、チームのためにも役立つ」というイメージを、上司に持ってもらうことも大切。

本来なら、上司に聞いてほしいと思うかもしれません。しかしながら、最近は「パワハラ・セクハラ」が大きく取り沙汰されて、上司からプライベートなことを聞くことが必要以上に抑えられてしまっています。

上司からの言葉を待つ前に、自分から積極的に働きかけをしてみてください。

自分の意見を言うだけではなく、たとえば業務効率化で悩んでいる若手社員に対するアドバイザーを買って出るなども方法としてはありです。

「最近、会社からも残業削減の要請が出ていますよね。この間、3年目のAさんとランチしたら、『仕事が全然終わらなくてつらいです』って嘆いていたんです。本当に困っているみたいなので、私が復帰後に試してみてよかった時短術を、彼女の業務フローに落とし込んで伝えてみてもいいですか?」というふうに。

上司からすると、願ったりかなったりでしょう。「どうぞ、どんどんやって!」と歓迎されるはずです。

こういった伝え方一つで、上司の脳内のワーママ像や子育てのイメージは、どんどんポジティブへと転じていきます。

そして、このように復帰をして職場に貢献をしていくことが、これから続く若手社員にも良い作用を生んでいきます。「後輩に良い環境をつくる上で、私はチームにサポートしてもらっている。だから、自分のワガママではない」とみなさんの意識も前向きにしていきましょう。

職場の味方を増やそう
～レジェンドワーママ編

「育休取得第1号」など社内のワーママの道を切り開いてきた〝レジェンドワーママ〟。あなたの職場にもいませんか？

この世代の女性たちががんばってこなければ、女性が出産後も働き続けるのが当たり前な世の中にはならなかったはず。感謝とリスペクトは何度でも伝えるべき相手です。先輩の背中に日々勇気付けられているという人もいるでしょう。

一方で、「私たちはここまでしてがんばってきたのよ。あなたたちももっとがんばりなさい！」というプレッシャーがつらい、という声も。

「夜まで預かってくれる保育園なんて近くになかったから、シッター代に給料全部つぎこんだわよ」と語られる武勇伝に、「私はそこまでは絶対にできない…」と萎縮してしまったり。

かつては〝バリキャリ〟と呼ばれたハイキャリアの女性たちだけが相当の覚悟を持って選択していたワーママの道は、今や「一般道路」のように幅広い層に広がっています。ジェネレーションギャップ以上に意識の差を感じてしまうのは仕方がないのです。

偉大なるレジェンドワーママと心地よく向き合うには？

私はやはり、**その功績を素直に讃えて、感謝を伝えるのが大前提**だと思います。

「あの時代にそこまで…！本当にすごいですね」とリスペクトを言葉にすること。

その上で、**〝自分の子育てのスタンス〟についても説明**してみましょう。

活用したいのは、123ページで説明した「3つの状況軸」（自分のキャリア、子どものタイプ、周りのサポート）。子育てのスタイルの全体像がわかりやすく伝わり、お互いの共通点やアドバイスポイントが見えやすくなります。

「私は先輩みたいなポストまでなれるとはまだ思えていませんが、10年後には一つの事業を回す立場くらいには成長したいんです。だから、子どもがもう少し大きくなって落ち着いたら、昇進試験にもチャレンジするつもりです。でも、うちの子、やんちゃで手がかかる子で…。先輩のお嬢さんは、立派に就職もされていますが、小さい頃はどうでしたか？　私は地方出身で両親も遠いから、頼れる身内は夫だけなんです。」

相手を立てつつ、自分も落とさない。

「私は私なりの子育てを一生懸命やっていきます」という意思表明をすることが大切。先ほどの上司とのコミュニケーションと同様、レジェンドワーママの先輩たちも「自分の経験から役立てそうなこと」は喜んで教えてくれますよ。

味方につければ最強！　です。

職場の味方を増やそう
～シングル同僚編

ワーママとの関係がギスギスしがちなのが、子どもがいない同僚、特に若手のシングル社員ではないでしょうか。

欠勤や早退が生じた分の仕事を拾って補う役目として指名されることが多く、表面上は「大丈夫ですよ」と受け入れつつも、「またかよ」と内心不満を溜めがちです。

子どもが関わる緊急事態なので仕方がないとはいえ、こまめに感謝を伝えることは当たり前の礼儀です。

ただし、「ありがとう。おかげで子どもの体調も落ち着きました」と感謝するだけでは足りません。

そこから**さらに踏み込んで、〝成果〟まで伝える**ようにしてみてください。

「昨日代わってくれた商談、『とてもスムーズにいきました』とクライアントからフィードバックが来ましたよ。帰社した後の資料整理までやってくれたから、すぐに私も進捗がわかりました。これだけしっかり務めてくれたこと、課長にもしっかり伝えておきますね」

その人のフォローによって、どれほど仕事がスムーズに進んだだか。第三者の評価も交えながらフィードバックし、さらにその貢献を上司や他のチームメンバーにも伝えてください。

実際にそれが査定にどれくらい影響するかは別として、**「仲間を助けた貢献とそれによる成果」**を周囲にも共有することで、フォロー役になった人もかなり気持ちが違ってくるはずです。

もっと言えば、「代打に立つ」ことはチャンスも引き寄せます。

打席に立つはずだったバッターが急遽不在となり、回ってきた打席。そこでヒットを打てたら、ステップアップの道が開かれます。

打席を抜けた立場からすると悔しくなるかもしれませんが、**「子育てのフォローをすることは、マイナスばかりではない」という考えを職場に浸透させていく**ことは、ワーママの働きやすさ向上につながると考えています。

誰かにヘルプを求めることは、その人にとってプラスになるという共通認識が根付けば、〝おたがいさま〟の文化は自然と醸成されていくでしょう。

ホームパーティーのすすめ

最後に、職場の同僚を誘ってホームパーティーをしてみませんか？　という提案をさせてください。

私が20代で過ごした会社員時代を振り返っても、ワーママの先輩方は「いつも忙しそう」「早く帰るから、なかなか声がかけられない」と、他の社員から距離を置かれていることが多かったなと思います。

子育ての経験がない若手からすると、その暮らしぶりは謎に包まれているのです。

会社を早めに出た後、保育園にお迎えにいって子どもの寝かしつけまでのルーティンは、仕事以上に目まぐるしいハードワークであることは、あまり想像されていません。

むしろ、「いつも早く帰っていいよな。こっちは、そのおかげで残業が降ってくるんだけど」と不満を持たれているのかも。

でも、考えてみれば、男女関わらず、その若手社員もいつかは子育ての当事者になるのかもしれませんし、お互いの理解が進まないことは、チームの士気を保つ上でも問題ですよね。

そこで、ぜひ誘ってみてほしいのです。

「いつも私のフォローしてくれてありがとう。よかったら今度の週末、うちに遊びに来ない？　子どもも若いお兄さん・お姉さんが来ると喜ぶし。いつもの御礼のつもりだから、手ぶらで来てね。同期を誘ってきてくれてもいいよ」

きっと若手社員も、何歳も上の先輩がどんな暮らしをしているのか、興味津々だと思います。

ホームパーティーで交換できる情報量は莫大です。

共働き子育て中の暮らしがどのようなものか、子どもと過ごす時間とはどのようなものなのか。百聞は一見にしかず、です。

職場では「いつも早く帰るワーママさん」でも、**一人の人間としてのライフスタイルを丸ごと見せると、ぐっと距離は縮まります。**

シングル時代にバリバリ働いていた時の話をするのもおすすめです。

「あの頃は私もがむしゃらに働いてて、ワーママの先輩を見て正直、『早く帰っていいな』と思ったこともあるな。いざ自分が子育てを始めると、こんなに人の手を借りなきゃ回らないんだってやっとわかったんだよね。だから、皆にも何か貢献したいなと思ってるんだ。ランチの時間とかに、キャリアや恋愛の相談、全然乗るよ～」と、

過去の自分は今のあなたと同じだったのよ、と伝えてみてください。

またあなたの独身時代のキャリアを伝えることで、「早く帰るワーママ」ではなく、「キャリアの上で学ぶべき点のある存在」であることも理解してもらえます。

子どもと直接触れてもらうことにも、大きな意味があります。

一度でも顔を合わせた後には、発熱の知らせにも「○○くん、大丈夫かな」と顔が

浮かぶもの。親しみを感じられる関係性には、自然と「応援しよう」という気持ちも働きやすくなります。

ホームパーティーがすぐには難しくても、職場で「ファミリーデー」など家族招待イベントがあれば、どんどん連れて行きましょう。

子育てするリアルな日常を、職場の人間関係でもオープンに見せ合って、味方を増やしていく。子育ては、職場のチームを育て、皆にとってよりよい環境をつくるきっかけになることを共有していく。第1章の歴史的背景でもお伝えしたように、以前は会社の中にも当たり前にあった光景なのです。

そんな取り組みがあちこちで増えていけば、社会全体で子育てを支える土壌も育ち、日本の子育てはもっと楽しく豊かになる。そんな日はきっと遠くないと信じています。

これから大人になる子どもたちを、社会で育てることが、個人にも、家庭にも、企業にも、社会にも良い影響を与えていく。そういった世の中になりますように。

おわりに

いかがでしたでしょうか？

「仕事やめたほうがいいのかな」と思っていたのが、「なんだか、いろいろな方法がありそう！」と先が開ける感覚を持っていただいていたら、とても嬉しいです。

ここまで、「女性」「ワーキングマザー」を軸にお話をしてまいりましたが、「仕事と子育ての両立」という命題は、すでに男性にも当たり前のこととなってきています。

今回敢えて女性に特化したのは、それでもまだまだ多くの女性の中に「両立神話」を中心にした「無意識の固定観念（アンコンシャス・バイアス）」が存在し、パートナーと話し合うことも遠慮してしまう人が多い現状を目の当たりにしてきたからです。

単なるノウハウ術を伝えるのではなく、敢えて「固定観念」から明確にすることで、女性だけではなく、パートナーや職場の上司・同僚にも他者理解を促す一歩になると感じています。

もちろん、男性も企業も変わらなければいけない。でもやはり、いちばんの当事者（体の機能としての出産があるという意味で）である女性が、自分自身の状況を知っていただき、アクションすることが最初の一歩だと考えています。それがあって初めて、周囲の人も本当の意味での「理解」をし、「当事者意識」を持つことができるのです。

受け身ではいけません。「自分らしい働き方・子育て」は、あなたにしかつくれないのです。自分と向き合い、アクションし、発信してください。

×××

また今回は「子育て」にフォーカスをして話をしましたが、今回お伝えした内容は、その後の介護や看護などにも活きてくるものです。

私は、まだ自分の子どもの子育て経験はありませんが、実は27歳で父を癌で亡くしています。起業をして2年目にして「仕事と看護の両立」を突き付けられました。当時は母も重い病気を患っており（今は完治しています）、Wケアをしていたのです。この頃の私の生活は、さながら「地獄絵図」のようで、とにかく少しの間でも看護を離れて、仕事ができることが幸せでしょうがないような有様でした。

この時に自分を救ってくれたのは、ちょっとした知識と、「ロールモデル（先に実践してる人）・選択肢・相談相手」です。

私は大学時代に社会福祉を専攻しており、介護分野のことも深く学んでいました。3年間介護予防のボランティアを行い、長野県の認知症の高齢者のグループホームにて、住み込みの実習を行うなども行っていました。

こういった経験から、「親が要介護・看護になった時どこに相談すればいいのか」を知っていて（知識）、実際に看護している人を見て（ロールモデル）、多くのやり方を知り（選択肢）、専門家や実践者の「相談相手」もいました。

そのことにより、突然父が倒れた時に「この世の終わり」という雰囲気になった家族（母は専業主婦で、父が大黒柱だったため）に対して、「まずは地域包括支援センターに行って相談しよう」と言ったり、ヘルパーの資格を持っていたので、父を女性一人でトイレまで運ぶ方法を伝えていくことで、家族の中に安心感が生まれてきました。

誰しもが、予測不能な事態になるとパニック状態に陥ります。そうすると、いちばん大切にしたい目の前の家族を大切にできなくなってしまうのです。

これは、子育ても同じだと考えています。

初めての子育てで、パニックになると、子どもをかわいいと思えなくなったり、パートナーを無意識に傷つけてしまったりします。そんな自分が嫌になると、今度は必要以上に自分を責めて悪循環に陥ってしまう。

そんなことはしてほしくないのです。

働くこと・子育てをすること。

多くの人が通る道なのに、誰も教えてくれない。

知らないことで悩むこと、自分や家族を傷つけてしまうことを、そろそろ終わりにしていきたい。そういう思いで、この本を書きました。

私の人生のミッションは、「すべての人が自律して幸せな社会にしたい」というもの。ライフステージが変化しても、ハンディキャップがあっても自分の可能性にフタをしない社会にしていきたいのです。

自分の人生をあきらめずに、周りの人と幸せに生きる。

そんな人が世の中に増えていってほしい。

そして、そういった生き方や生活に対して、当たり前に学ぶ場や教育を広げていくことで、悩む人、苦しむ人を減らしていきたいと思っています。

この本をお読みになった人は、ぜひ、今回感じたことや気づきを周りの人に伝えてください。悩んでいる人に届けてください。
そんな素敵な循環が生まれ、どんどん前向きに生きる人が増えることを楽しみにしています。

2019年初夏　堀江敦子

自分らしい働き方・育て方が見つかる
新・ワーママ入門

発行日　2019年　6月15日　第1刷

Author　堀江敦子

Illustrator　芦野公平
Book Designer　カバー：坂川朱音（朱猫堂）　本文：坂川朱音・田中斐子（朱猫堂）

Publication　株式会社ディスカヴァー・トゥエンティワン
〒102-0093　東京都千代田区平河町2-16-1 平河町森タワー11F
TEL　03-3237-8321（代表）03-3237-8345（営業）
FAX　03-3237-8323
http://www.d21.co.jp

Publisher　干場弓子
Editor　大竹朝子（編集協力：宮本恵理子）

Marketing Group
Staff　清水達也　千葉潤子　飯田智樹　佐藤昌幸　谷口奈緒美　蛯原昇　安永智洋
古矢薫　鍋田匠伴　佐竹祐哉　梅本翔太　榊原僚　廣内悠理　橋本莉奈
川島理　庄司知世　小木曽礼丈　越野志絵良　佐々木玲奈　高橋雛乃　佐藤淳基
志摩晃司　井上竜之介　小山怜那　斎藤悠人　三角真穂　宮田有利子

Productive Group
Staff　藤田浩芳　千葉正幸　原典宏　林秀樹　三谷祐一　大山聡子　堀部直人
林拓馬　松石悠　木下智尋　渡辺基志　安永姫菜　谷中卓

Digital Group
Staff　伊東佑真　岡本典子　三輪真也　西川なつか　高良彰子　牧野類　倉田華
伊藤光太郎　阿奈美佳　早水真吾　榎本貴子　中澤泰宏

Global & Public Relations Group
Staff　郭迪　田中亜紀　杉田彰子　奥田千晶　連苑如　施華琴

Operations & Management & Accounting Group
Staff　小関勝則　松原史与志　山中麻吏　小田孝文　福永友紀　井筒浩　小田木もも
池田望　福田章平　石光まゆ子

Assistant Staff　俵敬子　町田加奈子　丸山香織　井澤徳子　藤井多穂子　藤井かおり
葛目美枝子　伊藤香　鈴木洋子　石橋佐知子　伊藤由美　畑野衣見　宮崎陽子
並木楓　倉次みのり

Proofreader　文字工房燦光
DTP　朝日メディアインターナショナル株式会社
Printing　中央精版印刷株式会社

ISBN 978-4-7993-2477-6